C·H·Beck

PAPERBACK

Amartya Sen

DIE WELT TEILEN

SECHS LEKTIONEN ÜBER GERECHTIGKEIT

Aus dem Englischen übersetzt
von Jens Hagestedt, Sabine Reinhardus
und Heike Schlatterer

C.H.Beck

Die Aufsätze in diesem Band erschienen zuerst in
The Little Magazine und danach in Buchform unter dem Titel
«The country of first boys and other essays», herausgegeben von
Antara Dev Sen und Pratik Kanjilal, bei Oxford University Press
India. Die Auswahl für diese Ausgabe stammt vom Autor.
© The Little Magazine 2015

Die Beiträge mit den Nummern 1 und 5 wurden von
Heike Schlatterer übersetzt, Nr. 2 und 6 von
Sabine Reinhardus und Nr. 3 und 4 sowie das
Vorwort von Jens Hagestedt.

2. Auflage. 2020

Originalausgabe
© Verlag C.H.Beck oHG, München 2020
www.chbeck.de
Umschlaggestaltung: Konstanze Berner, München
Umschlagabbildung: © Gretchen Ertl, picture allicance/AP Photo
Satz: C.H.Beck.Media.Solutions, Nördlingen
Druck und Bindung: Pustet, Regensburg
Gedruckt auf säurefreiem und alterungsbeständigem Papier
(hergestellt aus chlorfrei gebleichtem Zellstoff)
Printed in Germany
ISBN 978 3 406 76255 0

myclimate

klimaneutral produziert
www.chbeck.de/nachhaltig

INHALT

VORWORT

Ich war nicht dabei – ich war noch nicht einmal geboren –, erfahre aber aus Bertrand Russells Autobiographie, dass er am Morgen des 2. August 1914 John Maynard Keynes begegnete. Keynes sei in Eile gewesen, weil er sich von seinem Schwager ein Motorrad leihen wollte, um damit, wie er Russell erklärte, so schnell wie möglich zu einer Sitzung nach London zu fahren. Russells naheliegende Frage «Warum fahren Sie nicht mit dem Zug?» habe Keynes mit der rätselhaften Begründung beantwortet: «Weil es schnell gehen muss.» Es ist ein wunderbares Bild: John Maynard Keynes, der auf seinem geliehenen Motorrad in ungeheurem Tempo, schneller als alle Züge, nach London rast.

Der Erste Weltkrieg hatte fünf Tage zuvor, am 28. Juli, begonnen. Keynes machte sich große Sorgen über die verheerenden Folgen des Krieges – und allgemein über die Feindseligkeit zwischen den Nationen Europas. Zwar konnte er während des Krieges nicht viel zur Beruhigung der Lage beitragen, doch wurde sein leidenschaftlicher Einsatz für die Idee, die Menschheit müsse sich die Welt friedlich teilen, in dieser Zeit zu einer seiner wichtigsten Selbstverpflichtungen. Nach dem Krieg bemühte er sich unermüdlich, die Öffentlichkeit für Vernunft und Kooperation zu gewinnen. Er sprach sich insbesondere gegen den harten Versailler Vertrag mit seinen lähmenden Reparationen aus, die den Besiegten von den jubelnden Siegern auferlegt wurden. Keynes beschloss seine Kritik am Versailler Vertrag, die in seinem Buch *The Economic Consequences of the Peace* (*Die wirtschaftlichen Folgen des Friedensvertrages*) nachzulesen ist, mit einem leidenschaftlichen Plädoyer für öffentliche Meinungsbildung: «Dem Werden dieser allgemeinen Meinung in der Zukunft widme ich dies Buch.» Das Mittel dazu müsse sein, «die Kräfte der Bildung und der Phantasie in Bewegung (zu) setzen, die die öffentliche Meinung ändern».

Kriege finden zwischen Nationen und innerhalb von Nationen statt, allgemeiner: zwischen Gruppen von Menschen, die miteinander nicht in Frieden leben. Diese Kämpfe, die von langer oder kurzer Dauer sein können, sind schwer zu vermeiden, da sie bei der Beseitigung tiefverwurzelter Ungleichheit oder Ungerechtigkeit eine wichtige Rolle spielen – ich nenne nur die Beendigung der Grausamkeiten, unter denen die Angehörigen der unteren Kasten in Indien zu leiden haben, und die Notwendigkeit anzuerkennen, dass «black lives» in Amerika und Europa «matter». So schwer diese gewaltsamen Konflikte wohl aus der Welt zu schaffen sind, die Eindämmung der Feindseligkeiten, vor allem die Beseitigung der Ungerechtigkeiten, kann auch durch öffentliche Diskussion und politisches Handeln sowie durch Schaffung einer mächtigen öffentlichen Meinung (wie Keynes sie erhoffte) erreicht werden.

Ich habe von Zeit zu Zeit versucht, über soziale und wirtschaftliche Ungleichheiten zu schreiben. Und ich freue mich, dass einer meiner Lieblingsverlage, C.H.Beck, eine Auswahl meiner Essays über soziale Spannungen und

Kleinkriege in deutscher Übersetzung herausbringt. Jeder dieser Essays befasst sich auf die eine oder andere Weise mit (untereinander oft zusammenhängenden) Ungleichheiten in Indien. Das Leben von Mädchen aus armen Familien, die in ihrer Ernährung, ihrer Bildung und ihrer gesellschaftlichen Stellung benachteiligt sind, kann sich von dem der gefeierten «first boys» in der Klasse außerordentlich stark unterscheiden.

Die ausgewählten Essays befassen sich mit Unterschieden der Klasse, der Kaste, des Geschlechts, der sozialen Herkunft, der Bildungs- und anderen Chancen. Leider haben diejenigen, denen es wirtschaftlich besser geht, in Indien aufgrund der außergewöhnlichen Macht der Privilegierten nicht selten die Möglichkeit, die Ärmeren auf die eine oder andere Weise zu tyrannisieren und abhelfende Maßnahmen zu blockieren. Tatsächlich hat die schlechte Behandlung der Unterprivilegierten in den vergangenen Jahren teilweise noch zugenommen; Frauen aus niedrigen Kasten oder Klassen etwa sind dadurch noch stärker Gewalt und Ungleichheit ausgeliefert. Wir müssen verstehen, wie diese Ungleichheiten überleben – und manchmal expandieren. Diese lähmenden Asymmetrien schreien nach Widerstand und Abhilfe, aber der erste Schritt ist zu erkennen, wie sie entstehen und warum sie andauern. Auf der Grundlage von Forschungsergebnissen kann sozialer Widerstand aufgebaut werden, und es kann möglich werden, die Macht der öffentlichen Meinung so zu nutzen, wie Keynes es erhofft hat.

Ich würde mich freuen, wenn die Essays dieses Sammelbands dazu einen kleinen Beitrag leisten könnten.

1

HUNGER

ALTE QUALEN,
NEUE FEHLER

«Es ist eine alte Geschichte / Doch bleibt sie immer neu», schrieb Heinrich Heine, Dichter, Essayist, politisch engagierter Journalist und Satiriker, im *Lyrischen Intermezzo*. Heines Frustration im frühen 19. Jahrhundert (*Intermezzo* erschien 1823, sieben Jahre, bevor Heine ins selbst gewählte Exil im revolutionären Paris ging) kommt einem unweigerlich in den Sinn, wenn man die alten Probleme und ihre fortgesetzte Unmenschlichkeit in den neuen, erweiterten Dimensionen der heutigen Welt betrachtet. Und vielleicht treibt einen kein anderes der alten Probleme so zur Verzweiflung wie der anhaltende Hunger und die Unterernährung in Indien.

Das soll nicht heißen, dass in Indien im letzten halben Jahrhundert oder seit der Unabhängigkeit 1947 nichts passiert wäre. Es gibt durchaus eine positive Entwicklung. Da wäre zum einen die schnelle Beendigung der Hungersnöte nach Erlangen der Unabhängigkeit (die letzte größere

Hungersnot in Indien trat 1943 auf – vier Jahre *vor* der Unabhängigkeit), eine gewaltige Leistung, die sich deutlich vom Versagen vieler anderer Schwellenländer vor diesem Problem abhebt. Doch dieser beachtliche Erfolg bei der Verhinderung von Hungersnöten setzte sich nicht fort, die beherrschende endemische Mangelernährung, die das Leben von Hunderten Millionen Menschen in diesem Land zerstört, besteht weiter.

Dabei fand in der Landwirtschaft, die mit ihrer ineffektiven Kleinteiligkeit so typisch war für die Zeit vor der Unabhängigkeit, ein Aufbruch statt, der die Produktionsmöglichkeiten erheblich ausweitete. Was die Verfügbarkeit von Nahrungsmitteln in Indien heute einschränkt, ist nicht die mangelnde Fähigkeit, mehr Lebensmittel zu erzeugen, sondern das Versagen, die Lebensmittel so zu verteilen, dass sie für die sozial schwachen Teile der Bevölkerung zugänglich sind. Wie bereits der Agrarwissenschaftler M. S. Swaminathan feststellte: «Wir haben in unserer landwirtschaftlichen Entwicklung ein Stadium erreicht, in dem die Produktion nur steigen wird, wenn wir den Konsum verbessern.»[1]

Erster Feind: Selbstgefälligkeit und Unwissenheit

Wie lässt sich die aktuelle Lage ändern? Zunächst müssen wir die erstaunliche Selbstgefälligkeit angesichts der indischen Rekorde bei der Lebensmittelproduktion ablegen und die weit verbreitete Unwissenheit, die die Selbstgefälligkeit mästet. Indien macht bei der Bekämpfung des allgegenwärtigen, anhaltenden Hungers keine gute Figur, das muss man ohne Wenn und Aber anerkennen. In bestimmten Regionen kommt es immer wieder zu anhaltendem Hunger (dass sich daraus keine ausgewachsene Hungersnot entwickelt, mindert nicht die lokale Tragweite und das Leid der Betroffenen), darüber hinaus herrscht in weiten Teilen Indiens eine endemische Mangelernährung. Tatsächlich schneidet Indien in dieser Hinsicht sogar deutlich schlechter ab als die afrikanischen Länder südlich der Sahara.[2] Die allgemeine Unterernährung – die manchmal auch als «quantitative Mangelernährung» bezeichnet wird – ist in Indien fast doppelt so hoch wie in den subsaharischen Ländern. Trotz der regelmäßig auftretenden Hungersnöte in Afrika wird dort erstaunlicherweise ein deutlich höheres Niveau der Lebensmittelversorgung erreicht als in Indien. Etwa die Hälfte aller indischen Kinder ist chronisch unterernährt, und über die Hälfte aller erwachsenen Frauen leidet unter Blutarmut. In Hinblick auf unterernährte Mütter und untergewichtige Säuglinge sowie die Häufung kardiovaskulärer Erkrankungen im späteren Leben (die bei Erwachsenen verstärkt auftreten, wenn sie als Kind im Mutterleib unterversorgt waren) gehört Indiens Bilanz zu den schlimmsten der Welt.

Bemerkenswert ist in diesem Zusammenhang nicht nur, dass diese furchtbare Situation weiterhin anhält, sondern dass die öffentliche Meinung (sofern das Thema überhaupt in den Blickpunkt der Öffentlichkeit gerät) so stark von der tatsächlichen Situation abweicht.[3] Erstaunlicherweise hört man immer wieder den Irrglauben, Indien habe das Problem des Hungers seit der Unabhängigkeit gut im Griff. Dieser Irrglaube ist in erster Linie auf eine Verwirrung bei den Begrifflichkeiten zurückzuführen, denn häufig wird nicht unterschieden zwischen der Verhinderung von Hungersnöten, die leicht zu erreichen ist, und der Vermeidung endemischer Unterernährung, die eine deutlich komplexere Aufgabe ist. Tatsächlich schneidet Indien bei der endemischen Unterernährung schlechter ab als fast jedes andere Land. Sicher gibt es viele verschiedene Möglichkeiten, sich selbst zu schaden, aber Selbstgefälligkeit auf Grundlage von Unwissen gehört zu den effektivsten.

Armut, Gesundheitsfürsorge und Bildung

Damit wären wir bei der nächsten Frage angelangt. Wenn wir die Selbstgefälligkeit abgelegt haben, wie geht es dann weiter? Die alten Hindernisse, die einer ausreichenden Versorgung im Weg stehen, bestehen nach wie vor und haben – das müssen wir uns eingestehen – nichts von ihrer Schärfe verloren. Menschen hungern nun mal, wenn sie nicht die Mittel haben, sich ausreichend Lebensmittel zu kaufen. Hunger ist in erster Linie ein Problem der allgemeinen Armut, daher sind ein breites wirtschaftliches Wachstum und die Grundsätze der Verteilung wichtige Faktoren bei seiner Bewältigung. Besonders wichtig sind in diesem Zusammenhang die Beschäftigung und andere Möglichkeiten, für den eigenen Lebensunterhalt aufzukommen, vor allem aber auch die Lebensmittelpreise, die sich darauf auswirken, ob man sich überhaupt etwas zu essen kaufen kann.[4]

Da Unterernährung nicht nur die Ursache, sondern auch das Resultat eines schlechten Gesundheitszustands sein kann, muss man die allgemeine Gesundheitsversorgung im Auge behalten und endemische Krankheiten bekämpfen, die eine ausreichende Aufnahme von Nährstoffen hemmen. Darüber hinaus gibt es zahlreiche Belege dafür, dass das Fehlen grundlegender Bildung ebenfalls zur Unterernährung beiträgt, was unter anderem darauf zurückzuführen ist, dass Wissen und Kommunikation generell wichtig sind, aber auch darauf, dass der Zugang zu sicheren Arbeitsplätzen und Einkünften stark vom Bildungsgrad abhängt.

Unterernährung bei Müttern und die weitreichenden Folgen

Niedrige Einkommen, relativ hohe Preise, eine schlechte Gesundheitsversorgung und die Vernachlässigung der Bildung – all diese Faktoren haben Einfluss auf das außergewöhnliche Ausmaß der Unterernährung in Indien und sorgen dafür, dass sich daran auch nichts ändert. Doch selbst wenn man diese Faktoren erkennt und Abhilfe schafft, lässt eine Veränderung zum Positiven auf sich warten, oder wie es Siddiq Osmani formuliert, man würde «eine wesentlich deutlichere Verbesserung der Ernährungssituation erwarten, als es tatsächlich der Fall ist», vor allem in Indien, aber auch allgemein in Südasien.[5] Es muss also noch andere Faktoren geben. Osmani nennt – durchaus plausibel – den anhaltenden Einfluss der Unterernährung auf werdende Mütter, die untergewichtige Neugeborene zur Welt bringen (Indien und Südasien halten hier einen traurigen globalen Rekord), die wiederum zu Kindern und Erwachsenen mit einer erhöhten Neigung zu bestimmten Krankheiten heranwachsen. Erkenntnisse anderer Wissenschaftler, darunter Ramalingaswami und seine Kollegen, stützen diese These.[6] Aktuelle medizinische Forschungen zur Unterversorgung von Kindern im Mutterleib, die sich in einem geringen Geburtsgewicht niederschlägt, verweisen auf zahlreiche langfristige Auswirkungen wie immunologische Defizite und andere gesundheitliche Probleme. Die gesundheitlichen und ernährungsbedingten Probleme im Zusammenhang mit der Unterernährung der Mütter und dem niedrigen Geburtsgewicht der Kinder sind mit großer Wahrscheinlichkeit ein wesentlicher Grund für die schlechte Ernährungslage in Indien.

Die Unterernährung der Mütter hängt zusammen mit der allgemeinen Benachteiligung der Frauen. So wirkt sich deren ungerechte Behandlung negativ auf alle Inder aus, Jungen wie Mädchen, Männer wie Frauen. Die empirischen Beweise zum schlechteren Ernährungszustand von Mädchen im Vergleich zu Jungen sind zwar nicht eindeutig (wie Svedberg zeigt), doch herrscht kein Mangel an Belegen für die schlechte Versorgung schwangerer Frauen. So ist beispielsweise der Anteil der schwangeren Frauen, die unter Blutarmut leiden – drei Viertel aller Schwangeren –, in Indien deutlich höher als in der restlichen Welt. Die langfristigen Auswirkungen für die untergewichtigen Neugeborenen zeigen sich nicht nur in den verringerten Aussichten auf eine gute gesundheitliche Verfassung und Ernährungslage bei den Kindern – Mädchen wie Jungen –, sondern auch in einem erhöhten Auftreten von Herz-Kreislauf-Erkrankungen in ihrem späteren Leben.[7]

Da Männer im Allgemeinen anfälliger für Herz-Kreislauf-Erkrankungen sind, ist hier ein interessanter Effekt zu erkennen: Die negativen Auswirkungen der schlechten Ernährung werdender Mütter treffen die Männer stärker als die Frauen. Die Saat in Form einer ungerechten Behandlung der Frauen geht auf, und geerntet wird neben dem Leiden der Frauen eine schlechtere körperliche Verfassung der Männer.

Die bisherige Analyse hat Probleme aufgezeigt, die angegangen werden müssen, wenn Indien das massive Auftreten von Hunger überwinden will, unter dem die Bevölkerung in so vielerlei Hinsicht leidet. Zu den Handlungsansätzen zählen die Verbesserung wirtschaftlicher Möglichkeiten (etwa eine Steigerung und eine andere Verteilung des Einkommens), gesellschaftliche Ansätze (beispielsweise eine bessere Grundversorgung im Bereich Gesundheit und Bildung) und der Kampf gegen Benachteiligungen, die speziell Frauen treffen, zum Beispiel Unterernährung. Das sind altbekannte Probleme, die jedoch noch nicht behoben wurden, im Gegensatz zu anderen Bereichen, in denen Fortschritte erzielt wurden, so bei der Verhinderung von Hungersnöten und den technischen Fortschritten in der Landwirtschaft. Und wo liegen die neuen Probleme?

Gewaltige Lebensmittelberge und massive Unterernährung

Eine Verbesserung der Ernährungslage wird nicht nur durch alte Hindernisse erschwert, sondern auch durch ganz neue. Manchmal neigen gerade die Einrichtungen, die alte Hindernisse überwinden sollten, dazu, reaktionäre Wirkungen zu entfalten, die Ungleichheit und Not noch steigern. Ein Beispiel dafür ist die furchtbare Kombination aus gewaltigen Lebensmittelbergen und der größten Ansammlung unterernährter Menschen weltweit, die wir hier in Indien haben.[8]

1998 hatte die Zentralregierung etwa 18 Millionen Tonnen Getreide zur Lebensmittelversorgung eingelagert – fast so viel, wie die offizielle Regelung für eine «Sicherheitsreserve» vorschreibt, um bei möglichen Schwankungen von Produktion und Nachfrage ausgleichend zu wirken. Seitdem sind die Reserven immer weiter gewachsen, stiegen weit über die 50-Millionen-Tonnen-Marke und liegen laut aktuellen Berichten bei über 62 Millionen Tonnen. Um Jean Drèzes eindrücklichen Vergleich zu verwenden: Aneinandergereiht wären die Getreidesäcke über eine Million Kilometer lang und würden einmal zum Mond und wieder zurück reichen. Da Jean Drèzes Feststellung aus dem Jahr 2000 stammt, sind die Vorräte seitdem sicher noch weiter gestiegen und würden in Säcken jetzt zum Mond, wieder zurück zur Erde und noch einmal zum Mond reichen.

Da ist es erfreulich, wenn die indische Regierung erklärt, ein kleiner Teil der Reserven werde für verschiedene gute Zwecke genutzt. Unter anderem ging eine Tonne als Hilfslieferung nach Afghanistan (ich begrüße das als Mensch wie auch als Ehrenpräsident der Hilfsorganisation OXFAM, die sich sehr in Afghanistan engagiert), doch angesichts des gewaltigen Berges wird sich die Reserve dadurch kaum verringern, und auch ihre endlose Anhäufung wird nicht so schnell enden – womöglich sind es schon bald 75 Millionen oder sogar 100 Millionen Tonnen.[9] Das Ministerium für Ernährung hat außerdem eine andere Form der Subventionen für die Bauern vorgeschlagen, bei der die Unterstützung gerechter auf die verschiedenen Regionen verteilt wird. Staatliche Stellen wären dann nicht mehr wie bisher verpflichtet, Getreide zu einem Garantiepreis aufzukaufen, stattdessen würden die Bauern ihre Ernte zum marktüblichen Preis verkaufen und vom Staat die Differenz zwischen Marktpreis und Garantiepreis erhalten. Die Bauern – auch die großen Agrarunternehmen – wären sicherlich erleichtert zu hören, dass ihre «Interessen», wie es immer so schön heißt, «geschützt werden». Und die staatlichen Getreidevorräte werden natürlich weiter wachsen, obwohl sie die Anforderungen für eine «Sicherheitsreserve» bald um das Vierfache übersteigen. Auch die staatlichen Aufwendungen für Subventionsprogramme (die vor kurzem auf die schwindelerregende Summe von 210 Milliarden Rupien pro Jahr geschätzt wurden) werden weiter steigen. Offenbar sind wir fest entschlossen, zu einem hohen Preis die wenig beneidenswerte Kombination aus weltweit schlimmster Unterernährung und größten ungenutzten Lebensmittelvorräten zu konservieren.

Politische Täuschungen

Wie lässt sich dieses seltsame Beharren auf einer widersinnigen Politik erklären? Eine erste Erklärung ist schnell gefunden. Die Anhäufung der Reserven ist auf die Verpflichtung der Regierung zurückzuführen, unrealistisch hohe Stützpreise für Getreide zu zahlen – vor allem für Weizen und Reis. Doch ein System hoher Preise führt generell (trotz des Unterschiedes zwischen den Aufkauf- und den Verbraucherpreisen) zu einer erhöhten Beschaffung und einer verminderten Nachfrage. Was sich für Lebensmittelproduzenten und Verkäufer als wahre Goldgrube erweist, schlägt sich für die Verbraucher als vermindertes Angebot nieder. Da das biologische Bedürfnis nach Nahrung nicht dem wirtschaftlichen Zugang zu Nahrung (also dem, was sich die Menschen aufgrund ihrer wirtschaftlichen Situation und der jeweiligen Preise leisten können) entspricht, ist es schwer, die enormen angehäuften Vorräte wieder loszuwerden, auch wenn das ganze Land unter Unterernährung leidet. Genau das Preissystem, das ein üppiges Angebot schafft, entzieht dem Teil der Armen, die von der Hand in den Mund leben, die Lebensmittel.

Aber schafft die Regierung nicht Abhilfe, indem sie die Lebensmittelpreise je nach Höhe der Beschaffungspreise subventioniert – dadurch sollten die Lebensmittelpreise für die Verbraucher doch niedrig sein? Leider nein. Jean Drèze und ich erörtern dieses Thema in unserem Buch *India: Development and Participation* ausführlich. Doch auf einen wesentlichen Aspekt möchte ich hier kurz eingehen: Ein Großteil der Subventionen wird verwendet, um die Lagerung und Verwaltung dieser enormen Getreidevorräte zu finanzieren, denn hinter den Reserven steckt eine gewaltige und schwerfällige Bürokratie, darunter auch die Food Corporation of India, die für den Aufkauf und die Einlagerung zuständige Behörde. Zudem besteht das Hauptziel der Preissubventionierung darin, die Bauern so zu bezahlen, dass sie mehr anbauen und dadurch mehr verdienen, und nicht etwa darin, die bestehenden Vorräte zu niedrigen Preisen an die Verbraucher abzugeben. Das geschieht zwar auch, aber nur in begrenztem Ausmaß und an bestimmte Gruppen. Die Lebensmittelsubventionen haben daher in erster Linie den Effekt, den Bauern Geld zukommen zu lassen, anstatt die unterernährten Inder mit Nahrung zu versorgen.

Dringend nötig: eine klare Klassenanalyse

Wenn es je die Gelegenheit für eine scharfe Klassenanalyse gegeben hat, bei der die Linke die Rechte in die Mangel nimmt, dann wäre, so sollte man meinen, das hier der Fall. Einige Interessengruppen haben auch tatsächlich protestiert und Grundrechtsfragen vor den Supreme Court gebracht. Doch die systematische Kritik dieses Problems unter dem Aspekt der Ungleichbehandlung der Klassen blieb erstaunlich gedämpft oder fehlte ganz. Der Protest, der sich äußert, ist seltsam gespalten, dazu kommt das endlos wiederholte Mantra, dass man die Lebensmittelpreise zum Wohle der Bauern und Feldarbeiter hoch halten müsse. Warum ist das so?

Als die staatliche Lebensmittelbevorratung eingeführt und die Praktik etabliert wurde, den Bauern Lebensmittel zu hohen Preisen abzukaufen, erhoffte man sich verschiedene Vorteile. Einige waren durchaus gerechtfertigt und hatten das Ziel, für mehr Gleichheit zu sorgen. Es ist ja auch bis zu einem gewissen Grad sinnvoll, staatliche Lebensmittelreserven anzulegen, um die Versorgung der Bevölkerung zu garantieren – für die Verhinderung von Hungersnöten sind sie sogar notwendig. Es ist daher eine gute Sache, gewisse Vorräte anzulegen – unter den heutigen Voraussetzungen vielleicht sogar 20 Millionen Tonnen. Zu glauben, wenn es gut sei, Reserven für den Notfall anzulegen, müsse es noch besser sein, mehr Reserven anzulegen, das ist allerdings ein kostspieliger Irrtum.

In diesem Zusammenhang sollte man ein zweites Argument zur Verteidigung der hohen Lebensmittelpreise betrachten, das auf den ersten Blick ebenfalls wie eine gute Idee wirkt und sich dann als kontraproduktiv erweist. Zu denen, die unter niedrigen Lebensmittelpreisen leiden, gehören auch die Kleinbauern und Pächter, die einen Teil ihrer Ernte verkaufen. Die Interessen dieser Gruppe vermischen sich mit denen der Großbauern, wodurch für die Lebensmittelbewirtschaftung eine tödliche Mixtur entsteht. Während die mächtige Lobby der privilegierten Bauern auf höhere Ankaufspreise drängt und verlangt, dass sie mit staatlichen Mitteln weiter hoch gehalten werden, werden die Interessen der kleinen Bauern, die ebenfalls von höheren Preisen profitieren, von politischen Gruppen vertreten, die sich für die ärmeren Nutznießer einsetzen. Geschichten vom harten Leben dieser Bauern spielen nicht nur in der

Argumentation für höhere Getreidepreise eine Rolle, sondern auch in der Überzeugung vieler auf Gerechtigkeit bedachter Aktivisten, diese Preisgestaltung werde den Menschen helfen, denen es sehr schlecht geht. Das tut sie auch, aber den reicheren Bauern hilft sie noch viel mehr, und sie spielt auch ihren Interessenverbänden in die Karten, während die Interessen der viel größeren Gruppe, die Lebensmittel kaufen, anstatt sie zu verkaufen, auf der Strecke bleiben.

Es ist dringend nötig, die Wirkungen dieser Politik auf die verschiedenen Klassen genauer zu analysieren, gerade die Wirkungen auf die massiv Benachteiligten in unserer Gesellschaft, die nicht nur unter niedrigen Einkommen, einer schlechten Gesundheitsversorgung und unzureichenden Bildungsmöglichkeiten leiden, sondern eben auch unterernährt sind. Gelegenheitsarbeiter, Slumbewohner, arme städtische Angestellte, Wanderarbeiter, Handwerker und andere Arbeiter auf dem Land, die nicht in der Landwirtschaft tätig sind, ja selbst die Feldarbeiter, die in bar bezahlt werden, können sich aufgrund der hohen Preise nicht ausreichend mit Lebensmitteln versorgen. Die hohen Preise treffen insbesondere diejenigen in der Gesellschaft hart, die ohnehin schon zu kämpfen haben. Sie helfen zwar armen Bauern, die von ihren Feldern leben, wirken sich am Ende jedoch negativ auf die Verteilung aus. Natürlich übt die Agrarlobby einen gnadenlosen Druck zur Erhaltung der hohen Getreidepreise aus, zudem wird das Bild durch einige arme Bauern und Landarbeiter verzerrt, die tatsächlich von dem Programm profitieren, woraus sich der allgemeine Eindruck ergibt, die hohen Lebensmittelpreise seien eine

Maßnahme zugunsten der Armen, obwohl die Wirkung im Ganzen weit davon entfernt ist.

Es heißt, ein bisschen Wissen sei gefährlich. Leider kann auch ein kleines bisschen Gleichstellung gefährlich sein, wenn sie mit der massiven Benachteiligung vieler anderer benachteiligter Menschen einhergeht.

Eine abschließende Bemerkung

Nicht nur die weitverbreitete und so hartnäckig fortdauernde Unterernährung in Indien – höher als in allen anderen Regionen der Welt – ist sehr ungewöhnlich, sondern auch die Stille, in der sie einfach hingenommen wird, ganz zu schweigen von der Selbstgefälligkeit, mit der man sie mitunter abtut. Ernährungsbedingte Mangelerscheinungen wirken sich auf das Leben der Inder verschiedener Altersstufen aus und sind eng miteinander verknüpft, wie bereits dargestellt wurde. So kann sich etwa der schlechte Ernährungszustand von Frauen in einer Unterernährung der Schwangeren niederschlagen, der Unterversorgung der Ungeborenen im Mutterleib, einem niedrigen Geburtsgewicht, in der Unterernährung und schlechten gesundheitlichen Verfassung der Kinder und schließlich auch in der Sterblichkeit der Erwachsenen. Die jüngere Forschung zeigt die Auswirkungen einer frühen Unterernährung auf die langfristige Gesundheit und sogar auf die Entwicklung der kognitiven Fähigkeiten. Da Unterernährung bei indischen Kindern so gehäuft auftritt, ist das eine alarmierende Erkenntnis. Tatsächlich hat eine frühe Unterernährung gravierende Auswirkungen auf das gesamte Leben, darunter die verstärkte Neigung zu Herz-Kreislauf-Erkrankungen im höheren Alter (die in Indien, auch unter Berücksichtigung anderer Faktoren, ebenfalls häufiger sind als in anderen Ländern).

Im Kampf gegen die «alte Geschichte» von Hunger und Entbehrung müssen wir auch berücksichtigen, dass die Probleme der Politik Formen annehmen können, die irgendwie «immer wieder neu» sind. Man muss sich also nicht nur mit wirtschaftlichem Wachstum und der Verteilung beschäftigen, mit Gesundheitsversorgung, Schulbildung und den uralten Problemen fehlender Geschlechtergerechtigkeit sowie der gesundheitlichen Benachteiligung von Frauen, sondern sollte auch das staatliche Handeln unter die Lupe nehmen und überlegen, wer von diesen Maßnahmen profitiert und wer ganz eindeutig nicht. Die Schwächsten in unserer Gesellschaft haben nicht nur mit den herkömmlichen Problemen zu kämpfen, die sie unten festhalten, sondern auch mit neuen Widrigkeiten, entstanden durch staatliche Maßnahmen, die eigentlich den Benachteiligten helfen sollen, aber letzten Endes etwas ganz anderes bewirken.

In unserem demokratischen System gibt es nichts Wichtigeres, als die Ursachen des Mangels und die genauen Auswirkungen angeblicher politischer Heilmittel zu verstehen, die eingesetzt werden können. Öffentliches Handeln umfasst nicht nur das, was der Staat für die Öffentlichkeit tut, sondern auch das, was die Öffentlichkeit für sich selbst tut. Dazu gehört auch alles, was man erreichen kann, wenn man Hilfsmaßnahmen fordert und die Regierung zur Verantwortung zieht. Ich plädiere für eine genauere Untersuchung der klassenspezifischen Auswirkungen staatlicher Maßnahmen, die ungeheuer viel kosten und doch die Möglichkeiten und Interessen der Unterprivilegierten in unserer Gesellschaft vernachlässigen – und ihnen mitunter sogar schaden. Es gibt schon seit langem starke Gründe, gegen eine Fortsetzung der alten Benachteiligungen zu protestieren, doch nun kommen weitere Herausforderungen hinzu, weil man den Problemen mit Maßnahmen entgegentritt, die eigentlich für mehr Gerechtigkeit sorgen sollen, aber das Gegenteil bewirken. Die Gründe, staatliche Maßnahmen und ihre tatsächlichen Auswirkungen einer genauen Überprüfung zu unterziehen, sind gewiss sehr stark, doch ebenso viel spricht für Protest – sich lautstark zu empören, zu schreien.

2

ÜBER FREIHEIT SPRECHEN

WARUM MEDIEN
WICHTIG FÜR DIE ÖKONOMISCHE
ENTWICKLUNG SIND

In seinem Gedicht «Parliament Hill Fields» liefert uns John Betjeman eine ebenso verspielte wie hübsche Beschreibung seiner Heimatnation England:

Think what our nation stands for,
Books from Boots and country lanes
Free speech, free passes, class distinction
Democracy and proper drains

(Denn wofür steht diese Nation?
Bücher bei Boots, ländliche Straßen
Redefreiheit, Reisefreiheit, Klassenunterschiede
Demokratie und saubere Kanalisation.)

Dieser Korb voll guter Dinge gewährt uns einen kurzen Einblick in die englische Selbstwahrnehmung – auf ein

England, wie die Inselbewohner selbst es sehen und lieben. Liebevolle Vertrautheit und Akzeptanz der Gegebenheiten setzen den Ton.

Freiheit für wen?

Diejenigen unter uns, die in Britisch-Indien und nicht in England aufwuchsen (Britisch-Indien löste sich auf, als ich beinahe vierzehn Jahre alt war), lernten einige dieser Vorzüge besser kennen als andere. Gewiss, Klassenunterschiede waren uns bestens vertraut, hin und wieder funktionierte auch mal ein Abwasserkanal, und selbstverständlich durften sich alle frei bewegen, die dem Regime loyal gegenüberstanden. Für Andersdenke und Verteidiger der freien Rede galt das allerdings nicht. In der Grundschule und später auf dem Gymnasium wurde mir bewusst, dass drei Mitglieder unserer ausgedehnten Familie, darunter auch mein Onkel, im Gefängnis saßen. Nicht etwa, weil sie verurteilte Straftäter gewesen wären, sondern «vorsichtshalber» oder, wie es damals in Britisch-Indien hieß, «in Vorbeugehaft». Grundlage dafür war die Annahme, sie *könnten* politischen Schaden anrichten, und sei es auch nur in Form einiger aufrüttelnder Reden. Freie Rede und freies Handeln standen von vorneherein und ohne überhaupt ausgeführt zu werden, unter Strafe: Bereits die *Annahme* einer rebellischen Rede oder die *Erwartung* einer abtrünnigen Handlung reichte aus, um jemanden länger in Haft zu nehmen.

Die Demokratie, so hoch geschätzt in Großbritannien, stand nicht auf der Liste der Güter, die in die Kolonien exportiert wurden. Selbst wenn es eine gewisse Toleranz für kritische Äußerungen gab, war die Redefreiheit doch eine höchst fragile Sache, und bereits eine etwas festere, im Voraus erahnte und noch gar nicht ausgeführte Berührung drohte sie zu zerbrechen. Tatsächlich verhielt es sich mit der Redefreiheit ebenso wie mit der Reisefreiheit, von der Betjeman in seinem Gedicht spricht: In den Genuss der Letzteren kam man durch «Besonnenheit» (*discretion*) und büßte sie umgehend wieder ein, sobald der Verdacht einer, wie es unter britischer Herrschaft hieß, nicht hilfreichen «Unbesonnenheit» (*indiscretion*) bestand.

Ich komme nach mehr als einem halben Jahrhundert hier nicht etwa deswegen auf diese Erinnerungen zu sprechen, weil ich mich nachträglich beschweren oder mit dem Finger auf die damaligen Machthaber zeigen möchte. Das wäre ein völlig sinnloses Unterfangen. Andererseits kann es nicht schaden, sich daran zu erinnern, wie schwierig es war, einen Anspruch auf Demokratie und Redefreiheit in den Kolonien gerade jenes Landes durchzusetzen, das so viel dazu beigetragen hatte, Demokratie und Redefreiheit in der Welt zu fördern. Die Engländer waren zu Recht stolz darauf, die Redefreiheit in ihrem Land hochzuhalten und sich allen Bedrohungen der Demokratie entschlossen zu widersetzen (selbst wenn sie bei der Verteilung dieser Güter außerhalb der eigenen Landesgrenzen ausgesprochen geizig waren). Unter denselben Vorzeichen haben die Bevölkerung Indiens und anderer früherer Kolonien, die sich für die Demokratie und Redefreiheit in ihren Ländern erhoben – und häufig kämpften –, manchmal gegen heftigen

Widerstand, ebenfalls allen Grund, auf ihre Errungenschaften stolz zu sein. Das sollten wir nicht vergessen, eben weil diese schwer erkämpften Vorzüge manchmal nicht ausreichend gewürdigt und anerkannt werden. Insbesondere um die Redefreiheit ist es in der Welt nach wie vor schlecht bestellt. Dabei hat deren Bedeutung gerade in der heutigen Zeit eine ernsthafte Diskussion verdient.

Freiheit als allgemein gültiger Wert

Dass Redefreiheit und politische Freiheit inzwischen in der ganzen Welt als allgemein gültige Werte anerkannt sind, ist noch ziemlich neu und eine der entscheidenden Errungenschaften des 20. Jahrhunderts. Redefreiheit und demokratische Werte haben selbstverständlich schon eine längere Geschichte – nicht zuletzt in England. Aber ihre Universalität ist ein Novum, und das sollten wir würdigen und verteidigen. Die Rebellen, die den Machtanspruch des englischen Königs durch die Magna Carta begrenzten, taten dies nur für England, ohne dabei an die restliche Welt zu denken. Die amerikanischen Unabhängigkeitskämpfer und die französischen Revolutionäre trugen ganz wesentlich dazu bei, die Demokratie als ein System zu erkennen, das wir dringend benötigen. Dennoch handelten auch sie in erster Linie für ihr Land, beschränkten sich auf die beiden Küsten des Nordatlantiks und die besonderen ökonomischen, sozialen und historischen Gegebenheiten dieser Region, des alten «Westens». Afrikanische Amerikaner hatten nicht an diesem freiheitlichen System teil, das die demokratischen

Revolutionäre für Amerikaner forderten, und vieles, was die Frage der Besteuerung an Bedeutung weit übertrifft, war in der amerikanischen Republik, die die britische Herrschaft abschüttelte, nicht repräsentiert.

Im 19. Jahrhundert diskutierten die Theoretiker der Demokratie und Verteidiger der Redefreiheit ganz unverblümt darüber, welche Staaten bereits «demokratiefähig» seien und welche nicht. Das änderte sich erst im 20. Jahrhundert, als bereits die Fragestellung selbst als falsch erkannt wurde: Ein Volk ist nicht von vorneherein «demokratiefähig», sondern wird fähig *durch* Demokratie. Dieser Prozess ist im Gang und betrifft unsere gesamte heutige Welt und ihre Milliarden Bewohner mit ihrer unterschiedlichen Geschichte, Kultur und unterschiedlichen Graden des Wohlstands.[1]

Freiheit und gesellschaftliche Entwicklung

Wie stehen demokratische Werte und Redefreiheit mit den Herausforderungen der gesellschaftlichen Entwicklung in Zusammenhang? Das ist das Thema dieses Essays. Steht Redefreiheit im Wettbewerb mit der ökonomischen und sozialen Entwicklung? Oder ergänzen sie einander, und falls ja, wie? Oder, noch weiter ausholend, ist Redefreiheit ein Teil – und zwar ein wesentlicher Teil – der gesellschaftlichen Entwicklung? Das bedarf einer Diskussion, nicht zuletzt durch Ökonomen, wozu ich ja gehöre.

Als Erstes sollten wir uns meiner Meinung nach daran erinnern, dass sich Entwicklung nicht lediglich als ein Prozess quantitativ erfassbarer Faktoren darstellt wie ein steigendes Bruttoinlandsprodukt pro Kopf oder wachsende Industrialisierung oder technischer und sozialer Fortschritt. Das sind unstrittig bedeutende Errungenschaften – und oft von entscheidender Bedeutung –, und doch hängt ihr Wert letztlich davon ab, inwieweit sie das Leben und die Freiheit der Menschen beeinflussen. Für Erwachsene, die eine verantwortungsbewusste Wahl treffen, ist dabei ausschlaggebend, ob sie tatsächlich die Freiheit haben, das zu tun, was sie aus gutem Grund wertschätzen. In diesem Sinne besteht ein wesentlicher Teil der gesellschaftlichen Entwicklung in der Zunahme an Freiheit.

Als Zweites halte ich fest, dass die Redefreiheit ein höchst wichtiger Bestandteil dieser menschlichen Freiheit ist. Miteinander sprechen zu können, einander zuzuhören gehört zu den besonderen Fähigkeiten der Menschen, und wir haben guten Grund, sie zu schätzen. In erster Linie, das hat Aristoteles schon vor sehr langer Zeit festgestellt, sind wir soziale Wesen, die nur im Zusammenleben, im Austausch und Kontakt mit anderen ein erfülltes Leben führen – mit Menschen zu Hause und in der Ferne. Sprechen ist ein Bestandteil des menschlichen Lebens, und freie Rede gehört unabdingbar zur Freiheit.

Neben dieser intrinsischen Bedeutung der Redefreiheit spielt sie auch eine instrumentelle Rolle und hat darin konstruktive Bedeutung. Auf diese Punkte muss ich natürlich noch näher eingehen, aber zunächst will ich die intrinsische Bedeutung der Redefreiheit hier einfach festhalten, damit diese grundsätzliche Verbindung in der komplexen Diskussion der instrumentellen und konstruktiven Funktionen der Redefreiheit nicht untergeht. Obwohl ich sogleich das Argument anführen werde, dass die indirekte Auswirkung der Redefreiheit von großer Bedeutung sein kann, will ich doch anmerken, dass auch bei fehlender indirekter Wirkung die unmittelbar der Redefreiheit innewohnende Bedeutung selbst Anerkennung verdient.

Pressefreiheit

Ich komme nun zur Analyse der verschiedenen Rollen der Redefreiheit und ihrer Bedeutung im Prozess der gesellschaftlichen Entwicklung. Zuerst möchte ich dabei den ausschlaggebendsten und zugleich umstrittensten Bereich der Redefreiheit erörtern, nämlich die Pressefreiheit. Denn Pressefreiheit ist fraglos ein zentraler Aspekt der gesellschaftlichen Entwicklung.

Bevor ich jedoch auf die einzelnen Gründe für diese Bewertung eingehe, möchte ich noch eine Warnung vorausschicken. Sympathie für die Presse zu empfinden ist nicht immer einfach. Natürlich ist es kein Wunder, dass autoritäre Regimes Gründe haben – häufig besonders abstoßende Gründe –, die freie Presse zu verabscheuen. Die Fähigkeit und Neigung der freien Presse, autoritäre Herrscher zu piesacken, gehört zu ihren ruhmreichen Eigenschaften.

Aber Ärger mit der Presse beschränkt sich keineswegs auf Diktatoren und Potentaten. Beispielsweise gibt es das viel diskutierte Problem der Verletzung der Privatsphäre, wenn ungezügelte Berichterstattung ein Leben ruinieren kann. Oder das nicht weniger schwerwiegende Problem der falschen Berichterstattung. Für den Betroffenen kann das äußerst unangenehm sein, da sich falsche Darstellungen typischerweise viel schneller verbreiten als jede darauffolgende Richtigstellung. Personen des öffentlichen Lebens betrachten den Missbrauch der Pressefreiheit daher zu Recht mit Sorge.

Es gibt aber noch einen weiteren und gänzlich anderen Grund, sich über die Medien zu ärgern. Eingedenk der Macht der Presse ist es leicht zu verstehen, wie viel Gutes sie für die Gesellschaft bewirken kann. Doch wenn sie diese wichtige Aufgabe vernachlässigt und ihrer Verantwortung zur Information der Öffentlichkeit nicht gerecht wird, hat das mitunter beunruhigende Konsequenzen. Häufig genug sind wir dann von den freien Medien enttäuscht und fragen uns nach deren Nutzen. Auf dieses ernste Problem komme ich gleich zu sprechen.

Was bewirkt Pressefreiheit?

Beschäftigen wir uns zunächst einmal mit den angenehmen Seiten einer freien Presse. Warum, fragen wir uns, ist Pressefreiheit denn eigentlich unabdingbar für die gesellschaftliche Entwicklung? Ich glaube, dafür gibt es mehrere klare Ursachen. Dabei ist es sehr wichtig, diese voneinander zu unterscheiden, denn nur so können wir beurteilen, was auf dem Spiel steht. Wir sollten wissen, was wir einbüßen, wenn eine Zensur stattfindet und die freie Presse unterdrückt wird. Lord Northcliffe lag vielleicht gar nicht so falsch, als er vor beinahe 100 Jahren grummelte: «Die Macht der Presse ist groß, aber bei weitem nicht so groß wie die Macht, sie zu unterdrücken.» Wir sollten uns jedenfalls darüber im Klaren sein, was die Welt bei einer autoritären Unterdrückung der Presse verliert.

Pressefreiheit, so würde ich argumentieren, ist aus vier unterschiedlichen Gründen wichtig für die gesellschaftliche Entwicklung:

- **Intrinsischer Wert** der Redefreiheit und öffentlichen Kommunikation im Allgemeinen und der damit verbundenen Pressefreiheit und deren Relevanz im Besonderen
- **Informationsfunktion** der freien Presse, die zur Verbreitung von Wissen beiträgt und kritische Überprüfung ermöglicht
- **Schutzfunktion** der freien Presse, die den Vergessenen und Benachteiligten eine Stimme verleiht und dadurch erheblich zur menschlichen Sicherheit beiträgt
- **Konstruktive Beiträge** zur öffentlichen Diskussion, indem sie Ideen vorstellt, zur Bildung von Werten beiträgt und gemeinsame öffentliche Standards etabliert, die ausschlaggebend für die soziale Gerechtigkeit sind.

Diese vier Punkte möchte ich nun der Reihe nach erörtern.

Intrinsischer Wert der Freiheit

Die Bewertung der gesellschaftlichen Entwicklung ist untrennbar mit dem Leben verbunden, das die Mitglieder einer Gesellschaft in ihr führen, und den Freiheiten, die sie genießen. Wie plausibel diese Behauptung ist, habe ich in meinem Buch *Ökonomie für den Menschen. Wege zu Gerechtigkeit und Solidarität in der Gesellschaft* untersucht.[2] Entwicklung lässt sich nicht lediglich an Faktoren wie etwa dem Bruttoinlandsprodukt (BIP) oder technologischem Fortschritt ablesen. Für verantwortungsbewusste Menschen ist vielmehr entscheidend, ob sie die Freiheit haben, ihr Leben nach den Maßstäben zu gestalten, die sie mit gutem Grund wertschätzen. Freiheit ist damit der Schlüssel der Entwicklung, und erkennt man das grundsätzlich an, ist es einleuchtend, dass Redefreiheit und freie Kommunikation zu den wesentlichen Bausteinen dieser Entwicklung gehören.

Unter diesem Gesichtspunkt besteht keine Notwendigkeit, Redefreiheit aufgrund ihrer indirekten Auswirkungen zu rechtfertigen. Sie ist ein wesentliches Element all dessen, was wir zu Recht schätzen. Redefreiheit ist ein elementarer Bestandteil der gesellschaftlichen Entwicklung. Pressezensur und die Unterdrückung der Redefreiheit des Menschen – oder der Kommunikation – führen zur Aushöhlung dieser Freiheit und hemmen die Entwicklung einer Gesellschaft, und zwar auch dann, wenn ein autoritärer Staat, der diese Zensur ausübt, ein hohes BIP pro Kopf aufweist oder großen materiellen Reichtum angehäuft hat.

Im Folgenden wende ich mich der instrumentellen Rolle der Presse zu, ihrer Informationsfunktion. Diese Rolle beschränkt sich nicht nur auf spezialisierte Informationsvermittlung (beispielsweise was wissenschaftlichen Fortschritt betrifft oder kulturelle Neuerungen), sondern umfasst auch die Aufgabe, ganz generell darüber zu berichten, was wo geschieht. Investigativer Journalismus kann außerdem Informationen bereitstellen, die ansonsten unbemerkt oder gar unbekannt geblieben wären. Das ist alles ziemlich offensichtlich, und ich brauche nicht ausführlicher darauf einzugehen.

Ich komme daher auf die schützende Rolle der Pressefreiheit zu sprechen, die darin besteht, allen Gehör zu verschaffen und sie zu Wort kommen zu lassen. Im Kontext unserer Diskussion über die Informationsfunktion der Presse möchte ich noch anfügen, dass rasche Informationsverbreitung auch einen Beitrag zur Erhöhung des Schutzes und der Sicherheit der Bevölkerung leistet. Denken Sie nur einmal an die chinesische Hungersnot in den Jahren 1958–1961, die zwischen 23 und 30 Millionen Menschen das Leben kostete. Obwohl die chinesische Regierung das Ziel hatte, den Hunger im Land zu überwinden, unterzog sie ihre katastrophale Politik (eng verbunden mit dem ehrgeizigen, aber fehlgeleiteten «Großen Sprung nach vorn») in den drei Hungerjahren keiner grundsätzlichen kritischen Analyse. Das war überhaupt nur möglich, weil eine politische Opposition und unabhängige kritische Medien fehlten (dazu gleich mehr). Aber auch die chinesische Regierung selbst sah keine Notwendigkeit, ihre Politik zu ändern, weil sie schlicht keine Informationen darüber besaß, in welchem Ausmaß der «Große Sprung nach vorn» gescheitert war.

Da es keine unzensierte Presse oder andere Möglichkeiten öffentlicher Kommunikation gab, waren die Beamten vor Ort in ganz China davon überzeugt, nur sie selbst seien gescheitert, die anderen Regionen des Landes hingegen nicht. Und aufgrund dieser irrigen Annahme frisierte jede lokale Einheit – also Kollektive oder Kommunen in unterschiedlicher Zusammensetzung – die landwirtschaftlichen Daten, um den Eindruck zu erwecken, sie bewältige ihre Aufgabe. Auf Grundlage dieser falschen Berichte erstellte die chinesische Regierung dann eine ebenso falsche Berechnung der insgesamt zur Verfügung stehenden Nahrungsvorräte. Tatsächlich gingen die chinesischen Behörden während des Höhepunkts der Hungersnot davon aus, das Land verfüge über insgesamt 100 Millionen Tonnen mehr Getreide, als es in Wahrheit gab.

Die Information, die aufgrund der Pressezensur eines autoritären Regimes verloren geht, verführt letztlich auch die Regierung selbst zu Trugschlüssen. Ich möchte der Presse ja keinen zusätzlichen Orden an ihre ohnehin schon geschwellte Brust heften, wenn ich William Cowper zitiere, der da sagte, die Wege der Presse seien, «wie die des Herrn unergründlich, Seine Wunder zu vollbringen». Aber ob die Presse nun aufgeblasen ist oder nicht, es trifft auf jeden Fall zu, dass Pressezensur nicht nur die Bürger im Dunklen tappen lässt, sondern auch der Regierung selbst überlebenswichtige Informationen vorenthält.

Ich komme zur kritischen Rolle der Presse. Kritische Berichterstattung spornt eine Regierung an, den Bedürfnissen
des Volkes gerecht zu werden. Wollen sich Regierungen
mit der Kritik der Bürger auseinandersetzen und Unterstützung bei Wahlen finden, so haben sie allen Anlass, auf
deren Wünsche zu hören. Es verwundert daher nicht, dass
es in unabhängigen Ländern mit demokratisch gewählten
Regierungen und relativ freier Presse niemals zu existen-
ziell bedrohlichen Hungersnöten gekommen ist. Die chinesische Hungersnot der Jahre 1958–61 konnte innerhalb
von drei Jahren rund dreißig Millionen Menschenleben fordern, ohne dass währenddessen das politische System in
Frage gestellt wurde. Das lag nicht allein an den unzutref-
fenden Informationen der Regierung (die wiederum, wie
dargestellt, auch eng mit der Pressezensur verknüpft waren), sondern auch an der schlecht informierten Bevölkerung, die weder über das wahre Ausmaß der Krise noch
über die Sterblichkeitsraten Bescheid wusste, und letztlich
also daran, dass keine Zeitung Kritik an der Regierung
üben durfte.

Ähnliches ist auch von anderen großen Hungersnöten
bekannt, denken wir an die Hungersnöte in der Sowjetunion in den dreißiger Jahren, die in Kambodscha in den
siebziger Jahren und schließlich in afrikanischen Militärdiktaturen in den vergangenen drei Jahrzehnten oder an
Sudan und Nordkorea in der jüngsten Vergangenheit, von
den Hungersnöten unter den Kolonialmächten ganz zu
schweigen. Zur bengalischen Hungersnot im Jahr 1943, die

ich als Kind noch selbst miterlebt habe, kam es nicht nur durch fehlende Demokratie, sondern auch aufgrund der strengen Auflagen für die Presse, was Berichterstattung und Kritik betraf. Die Katastrophe erregte im englischen Parlament erst dann Aufmerksamkeit, als Ian Stephens, der couragierte Herausgeber des *The Statesman* in Kalkutta (damals noch in britischem Besitz), sich zum Alleingang entschloss und am 14. und 16. Oktober 1943 Zahlenmaterial und scharfe Leitartikel veröffentlichte. Prompt traf am 18. Oktober ein *mea culpa*-Schreiben des Gouverneurs von Bengalen beim Staatssekretär für Britisch-Indien in London ein, in dem er sich wegen der großen Zahl der Todesopfer entschuldigte. Bald folgten weitere Geständnisse, an die sich wiederum hitzige parlamentarische Diskussionen in Westminster anschlossen, was – endlich – im darauffolgenden Monat zu Maßnahmen führte, um die Hungersnot zu beenden, die zu diesem Zeitpunkt bereits Millionen von Opfern gefordert hatte.

Die schützende Rolle der Presse verdient Anerkennung und Unterstützung. Wenn alles wie am Schnürchen läuft, werden die Schutzfunktion der freien Presse und die damit in Verbindungen stehende demokratische Freiheit üblicherweise nicht eigens hervorgehoben. Wie wichtig sie sind, zeigt sich erst, wenn etwas schiefgeht. Die jüngsten Probleme in Ost- und Südostasien haben neben vielem anderem zutage gefördert, dass es sich rächt, die demokratischen Freiheiten und damit auch die Pressefreiheit zu unterdrücken. Als die Finanzkrise in dieser Region (ab 1997) eine weitgreifende Rezession auslöste, fehlten in einigen Ländern der Region die schützenden Kräfte der demokratischen Freiheit, wie die, die Hungersnöte verhindern. Diejenigen, die während der Krise abermals alles verloren, konnten sich kein Gehör verschaffen. Wir wissen nicht, ob die Opfer der Krise beispielsweise in Indonesien oder Südkorea, die ihre Arbeit verloren oder wirtschaftlich an den Rand gedrängt wurden, großes Interesse an demokratischer Freiheit zeigten, solange es für alle bergauf ging. Als die Wirtschaft jedoch kollabierte und jeder allein für sich unterging (wie es nun mal bei wirtschaftlichen Niedergängen der Fall ist), waren ihre Stimmen aufgrund der fehlenden demokratischen Institutionen, eingeschlossen einer freien Presse, nur gedämpft zu vernehmen und verhallten wirkungslos. Es ist also kein Wunder, dass bürgerliche und demokratische Rechte und eine freie Presse zu den wesentlichen Forderungen der jüngsten Aufstände und Revolten in dieser Region gehörten; in einigen Ländern im Osten und Südosten Asiens (und natürlich auch in Südkorea und Indonesien) wurden mittlerweile bemerkenswerte politische und bürgerrechtliche Fortschritte erzielt.

Konstruktive Rolle und Wertebildung

Jetzt möchte ich mich dem vierten Punkt zuwenden und erörtern, warum die Pressefreiheit neben anderen demokratischen und bürgerlichen Rechten eine zentrale Rolle spielt. Eine auf Information beruhende, nicht reglementierte Wertebildung entsteht nur durch offene Kommunikation und Diskurse. Dabei ist Pressefreiheit entscheidend wichtig. Wertebildung ist ein interaktiver Prozess, und die

Pressefreiheit trägt wesentlich dazu bei, diese Interaktion zu ermöglichen. Wenn neue Standards entstehen (etwa kleinere Familien und weniger häufige Schwangerschaften), werden sie durch den öffentlichen Diskurs ebenso wie durch Nachahmung in einer Region und schließlich auch überregional verbreitet.

Selbst das Konzept der sogenannten «Grundbedürfnisse» ist abhängig von der öffentlichen Diskussion darüber, was wir als wichtig oder, ebenso bedeutsam, was wir als machbar ansehen. Menschen leiden unter den unterschiedlichsten Notständen und Entbehrungen – und manche davon lassen sich einfacher lindern als andere. Die Gesamtheit aller menschlichen Nöte ist jedoch als Grundlage einer praktischen Diskussion über «Grundbedürfnisse» ungeeignet. Vieles würden wir zu Recht schätzen, wenn es denn möglich wäre – Immunität gegen sämtliche Krankheiten z. B. oder sogar Unsterblichkeit. Aber derartige Vorstellungen sehen wir nicht als *Bedürfnisse* an, weil sie eben nicht zu verwirklichen sind. Unser Konzept von Bedürfnissen richtet sich nicht allein nach der Art und dem Ausmaß unserer Entbehrungen, sondern wir berücksichtigen dabei auch, was wir daran zu ändern vermögen und was nicht. Eine freie und lebhafte öffentliche Diskussion kann unsere jeweiligen Einschätzungen und Einsichten stark beeinflussen. Eine freie Presse ist ein starker Verbündeter in diesem Entwicklungsprozess, unter anderem auch durch ihre konstruktive Rolle in der Wertebildung.

Bevor ich schließe, möchte ich noch einmal auf Fragen eingehen, die ich zunächst zurückgestellt habe, nämlich die praktischen Einschränkungen, die die Wirksamkeit der Presse beeinträchtigen und ihre sozialen Funktionen ungünstig beeinflussen. Häufig wird kritisiert, dass Zeitungen ihre Themen keineswegs neutral darstellen. Grundsätzlich ist daran nichts Schlimmes, vorausgesetzt, unterschiedliche Zeitungen geben unterschiedliche Gesichtspunkte wieder und decken ein breites Meinungsspektrum ab.

Ein Problem entsteht daraus erst, wenn die Berichterstattung der Presse so voreingenommen ist, dass diese Vielfalt nicht mehr zustande kommt. In diesem Zusammenhang wird Privateigentum an Zeitungen immer wieder und nicht ohne Grund mit Besorgnis betrachtet, wie es auch Misstrauen gibt, ebenfalls womöglich mit guten Gründen, gegenüber dem Einfluss der Anzeigenkunden. Der britische Journalist Hannen Swaffer erklärte vor rund einem Vierteljahrhundert enttäuscht: «Pressefreiheit in Großbritannien bedeutet nichts anderes als die Freiheit, all jene Vorurteile des Eigentümers zu drucken, sofern die Inserenten keine Einwände erheben.» Vielleicht ein allzu zynisches und ungerechtfertigt bitteres Urteil, aber es trifft fraglos einen problematischen Punkt, und wir sollten ihn aufmerksam betrachten, um die Pressefreiheit besser zu nutzen.

In der Tat verfügt ein Zeitungsinhaber über Macht, daran gibt es nichts zu deuten. Zeitungen befinden sich in privater Hand, und es ist nicht leicht vorstellbar, wie wir zu Regeln kommen sollten, nach denen Medienunternehmern das Eigentum nur noch an einer einzigen Zeitung möglich wäre. Selbst wenn sich die Presse in öffentlichem Besitz befände, würde sich an dem grundsätzlichen Problem ja nichts ändern; der Regierung stünde damit ein Machtinstrument zur Verfügung, dass eine freie Presse nicht minder gefährdete.

In diesem Zusammenhang ist es gut, an das zu erinnern, was John Kenneth Galbraith als «Gegenmacht» bezeichnet hat. Danach geht es nicht so sehr darum, eine einzelne Machtkonstellation zu verhindern, sondern vielmehr eine Macht mit einer anderen zu konfrontieren. In unserem Kontext wäre das ein Argument für eine Vielfalt an Zeitungsinhabern aus unterschiedlichen Branchen des Geschäftslebens und eines für kooperative Modelle oder unabhängige Körperschaften mit Verwaltungsräten als Eigentümern. Breite Medienvielfalt neben den Zeitungen, also Radio, Fernsehen und Internet, trägt ebenfalls zur Information und Diversifikation bei. Wir müssen uns auf die Gegenmacht von Wettbewerb und Auseinandersetzung verlassen, um dem Problem der Parteilichkeit zu begegnen.

Darüber hinaus besteht noch das bereits angesprochene Problem der journalistischen Ethik und des Engagements. Gemeint sind damit nicht nur journalistische Aufrichtigkeit und objektive Berichterstattung (obwohl auch diese Punkte eine wichtige Rolle spielen können), sondern die Initiative, Phantasie und besondere Motivation, die nötig sind, um weniger ausgetretene Pfade einzuschlagen. Es ist einfach, ausgedehnt über jede sichtbare Entbehrung wie Hunger oder hohe Arbeitslosigkeit zu berichten, aber es ist andererseits auch wichtig, weniger offensichtliche Missstände (etwa weniger extremen Hunger oder ein mangelhaftes Schulsystem) zur Sprache zu bringen. So hat Pressefreiheit, neben anderen demokratischen Freiheiten, mit Sicherheit dazu beigetragen, große Hungersnöte in Indien seit seiner Unabhängigkeit vor rund einem halben Jahrhundert zu verhindern, während es in Britisch-Indien regelmäßig zu Hungersnöten kam. Dessen ungeachtet haben jedoch weniger sichtbare und dabei ebenso wichtige Entbehrungen (wie endemische Unterernährung, anhaltender Analphabetismus oder unzureichende medizinische Versorgung) nicht die Aufmerksamkeit in der indischen Presse erhalten, die sie verdienen.

Damit sich das ändert, bedarf es nicht nur eines größeren Engagements der Journalisten und Unternehmen, sondern engagierter Interessenverbände, die auf Missstände aufmerksam machen. In einem weiteren Sinne sollten auch hier Gegenmächte wirken und die Schlagkraft sozialer Institutionen und Aktivisten vergrößern. In einigen Bereichen zeichnen sich bereits erste Erfolge ab. Frauenorganisationen und feministische Gruppen in Indien haben es in den vergangenen Jahren erreicht, dass bestimmte Aspekte der ungleichen Behandlung der Geschlechter sichtbarer wurden, und damit einen wichtigen Beitrag zu besserem öffentlichen Bewusstsein und Diskurs geliefert.

Schlussbemerkung

Damit höre ich dort auf, wo ich angefangen habe. Es ist äußerst wichtig, die Bedeutung der Pressefreiheit in der gesellschaftlichen Entwicklung zu erkennen, aber es ist ebenso wichtig, Mittel und Wege zu finden, um ihre Wirkung zu verbessern und ihre Schutzfunktion sicherzustellen. Pressefreiheit hat mehrere klar voneinander abgegrenzte und signifikante Funktionen, eingeschlossen (1) ihre *intrinsische* Bedeutung als konstitutiver Teil der Entwicklung, (2) die *Informationsfunktion*, um Wissen und Verständnis innerhalb einer Gesellschaft zu erweitern, (3) ihre *Schutzfunktion*, indem sie soziale Unsicherheit mindert und große Entbehrungen abwendet, und (4) ihre *konstruktive* Funktion durch interaktive und nicht reglementierte Wertebildung.

Keine dieser Funktionen vollzieht sich jedoch mechanisch oder automatisch. Es bedarf des Engagements und einer entsprechend breit aufgefächerten institutionellen Struktur mit vielfältigen Gegenmächten, die Bandbreite und Unvoreingenommenheit sicherstellen. Pressefreiheit ist ein hohes Gut, das wir unterstützen müssen, aber im Gegenzug hat die Presse auch ihrerseits Verpflichtungen und Ansprüche zu erfüllen. Denn Pressefreiheit ist ein Begriff, der Rechte und Pflichten gleichermaßen umfasst, und wir haben allen Grund, dafür zu kämpfen.

3

TAGESLICHT UND ANDERE ÄNGSTE

DIE BEDEUTUNG
DER SCHULBILDUNG

Die Angst der Kinder vor der Finsternis wird «durch Geschichten verstärkt», schrieb der englische Philosoph und Politiker Francis Bacon (1561–1626). Er zog damit eine Art Analogie zur übertriebenen Angst der Menschen vor dem Tod – der Vergleich findet sich in einem düsteren Essay «Über den Tod». Leider braucht es keine erfundenen Geschichten, um vielen Kindern auf der Welt Angst zu machen. Angst nicht nur vor der dunklen Nacht, sondern auch vor dem sonnigen Tag. Es gibt vieles, vor dem sie Angst haben können an einem Tag, der ohne Mahlzeit beginnt, ohne eine freundliche Schule, in die man zusammen mit anderen Kindern gehen kann, ohne Linderung der Krankheiten und Leiden einer prekären Kindheit und nicht zuletzt ohne irgendetwas in der Zukunft, worauf man sich freuen kann. Nichts bringt die Armut im heutigen Indien so sehr zum Vorschein wie die Lage vieler, ja der meisten unserer Kinder.

Das Tragische daran ist nicht allein, dass die Welt, in der indische Kinder leben, so trostlos ist, sondern dass deren Entbehrungen mit den Mitteln, die Indien heute besitzt, leicht zu beheben wären. Unsere Kinder aber bleiben in einer furchtbaren Lage, in die sie vor allem der Mangel an politischem und sozialem Engagement gebracht hat, nicht der Mangel an Ressourcen.

Die Unterernährten

Denken Sie an den Hunger indischer Kinder. So rasch die Hungersnöte des Britischen Empire in Indien nach Beginn der Unabhängigkeit verschwanden – Indiens Gesamtbilanz bei der Beseitigung von Hunger und Unterernährung, insbesondere der Kinder, ist schrecklich. Nicht nur, dass schlimmer Hunger in einigen Regionen immer wieder auftritt, in weiten Teilen Indiens wird permanent gehungert, erstaunlicherweise. Indische Kinder sind in dieser Hinsicht noch weit schlechter dran als die Kinder selbst im von Hungersnöten heimgesuchten Afrika südlich der Sahara, wie Peter Svedberg belegt hat.[1] Nach den üblichen Maßstäben für Untergewicht liegt der Anteil der unterernährten Kinder in Afrika bei 20 bis 40, in Indien bei gigantischen 40 bis 60 Prozent. Die allgemeine Unterernährung, die manchmal auch als Protein-Energie-Unterernährung bezeichnet wird, ist in Indien fast doppelt so hoch wie im subsaharischen Afrika.

Dabei hat Indien in den Vorratslagern der Zentralregierung außerordentlich große Mengen an Nahrungsmitteln aufgehäuft. 1998 beliefen sich die Vorräte auf rund 18 Millionen Tonnen, was ungefähr den offiziellen Normen für die Sicherheitsreserven entsprach, die Indien vor den Unwägbarkeiten der Natur zu schützen imstande waren. Doch seither sind die Vorräte immer weiter gewachsen und liegen nun zwischen 50 und 70 Millionen Tonnen – genug, um so viele Säcke mit Getreide zu füllen, dass sie nebeneinandergestellt mehr als eine Million Kilometer lang wären, also bis zum Mond, wieder zurück und noch ein ganzes Stück weiter reichen würden. Die Vorräte übersteigen 1 Tonne Getreide für jede Familie unterhalb der Armutsgrenze. Aber es ist natürlich nicht geplant, sie den Familien zu geben.

Wir wissen, dass die Regierung sehr viel Geld ausgibt, um die Nahrungsmittelpreise zu subventionieren. Aber um es kurz zu machen: Subventionen können entweder dazu verwendet werden, die Erzeugerpreise (d. h. die Erlöse der Bauern, die der Regierung Lebensmittel verkaufen) hoch zu halten oder die Verbraucherpreise (d. h. die Preise, zu denen die mittellosen indischen Käufer Lebensmittel erwerben, um sich und ihre Kinder zu ernähren) niedrig zu halten. Politischer Druck seitens der Bauern begünstigt diese, die zweifellos viel mehr gesellschaftliches Gewicht haben, als die mittellosen Käufer und ihre hungernden Kinder sich auch nur erträumen können. Das daraus resultierende System hoher Nahrungsmittelpreise (d. h. hoher Beschaffungs- *und* hoher Verkaufspreise, auch wenn diese niedriger sind als jene) führt zu einer Ausweitung der Beschaffung wie zu einem Rückgang der Nachfrage. Dieses wunderliche Preissystem sorgt also für ein gewaltiges Nahrungsmittelangebot, zugleich aber dafür, dass die erwartungsvollen Hände der indischen Kinder leer bleiben. Die Getreidevorräte wachsen, und ein Großteil der «Nahrungsmittelsubvention» wird verwendet, um die Kosten für ihre Konservierung und eine gigantische Nahrungsmittelverwaltung zu decken.

Eine gründliche Überprüfung von Indiens Nahrungsmittelpolitik ist dringend erforderlich, mit einer nüchternen wirtschaftlichen Bewertung von Kosten und Nutzen, einschließlich des ungerechtfertigten Tributs für die Beschwichtigung der Bauern und des Aufwands für das Weiterschleppen unnötig großer Nahrungsmittelvorräte von Jahr zu Jahr. Zu dieser Bewertung muss auch ein menschliches Mitgefühl dafür gehören, dass indische Kinder das Morgenlicht fürchten, da ein weiterer hungriger Tag bevorsteht.

Ohne Schule und missachtet

Wie sieht es mit dem Schulunterricht aus? Indien hat viel mehr Kinder, die keine Schule besuchen, als jedes andere Land. Manche werden diesen statistischen Befund vielleicht als nicht aussagekräftig ansehen und darauf hinweisen, dass Indien ein großes Land ist. Das ist es in der Tat. Aber China ist noch größer, und die Zahl der chinesischen Kinder, die nicht zur Schule gehen, ist viel kleiner, ja verhältnismäßig winzig. In Bezug auf den Anteil der Kinder, die eine Schule besuchen, schneidet Indien nicht viel besser ab als Afrika. Und auf dem Subkontinent hat Bangladesch, das weit hinter Indien lag, Indien vor kurzem überholt.

Wohl kann die offizielle Statistik der Schulverwaltung mit der Behauptung, nur sehr wenige indische Kinder seien nicht zur Schule angemeldet, einen gewissen Trost bieten. Aber diese Statistik war nie zuverlässig: Die Schulen unterliegen dem Anreiz, überhöhte Zahlen der Angemeldeten und, mehr noch, der die Schule tatsächlich Besuchenden anzugeben (indem sie z.B. die Anmeldungen mit dem Schulbesuch gleichsetzen). Unabhängige Befunde wie die der indischen Volkszählung oder der nationalen Stichprobenerhebung zeigen noch immer, dass etwa jedes fünfte indische Kind an einem normalen Tag nicht zur Schule geht. Die regionalen Verhältnisse sind sehr ungleich, wobei in Bundesstaaten wie Kerala oder Himachal Pradesh fast alle Kinder zur Schule gehen, in anderen Bundesstaaten wie Uttar Pradesh oder Rajasthan sehr viele aber nie.

Wir müssen zweifellos viel mehr Schulen bauen. Außerdem müssen wir die vorhandenen und die neu zu bauenden viel besser betreiben. Beides ist dringend erforderlich. Das angeblich mangelnde Interesse der Eltern, ihre Kinder – vor allem die Mädchen – zur Schule zu schicken, das oft als Problem genannt wird, gibt es nicht. Alle empirischen Untersuchungen haben das erwiesen: besonders klar die sehr umfangreiche, 1999 veröffentlichte Studie über indische Schulprobleme, die das PROBE-Team von Jean Dreze, Anita Rampal und vielen anderen engagierten Forschern erarbeitet hat.[2] Es scheint, dass nicht nur fast alle Eltern – und zwar in allen Regionen[3] – wollen, dass ihre Kinder (einschließlich der Mädchen) zur Schule gehen, sondern dass auch sehr viele von ihnen (zum Teil mehr als 80 Prozent) dafür eintreten, Eltern zu verpflichten, ihre Kinder zur Schule zu schicken, sofern es denn in der Nähe eine zuverlässige Schule gibt. Da beides nicht nur für die Regionen gilt, in denen die meisten Kinder zur Schule gehen, sondern auch für die, in denen viele Kinder es nicht tun, muss die Erklärung für geringen Schulbesuch an anderer Stelle gesucht werden.

Die falsche Diagnose, viele Eltern seien dagegen, ihre Kinder zur Schule zu schicken, ist aus mehreren Gründen schädlich. Der erste Grund ist, dass die Regierungen diese Diagnose seit langem benutzen, um ihr Versagen bei der Erfüllung der Pflichten eines anständigen Staates zu bemänteln: ein Versagen, das mehr als alles andere für die Probleme der indischen Schulbildung im Allgemeinen und der Mädchenbildung im Besonderen verantwortlich ist. In den Jahrzehnten seit Beginn der Unabhängigkeit hat eine Regierung nach der anderen – des Zentralstaats wie der Bundesstaaten – das angebliche Widerstreben der Eltern als einen der Hauptgründe dafür angeführt, dass es nicht gelungen sei, Kindern, insbesondere Mädchen, Schulbildung zuteilwerden zu lassen. Der PROBE-Bericht und alle anderen Feldstudien aber haben ein nur sehr geringes Widerstreben der Eltern beschrieben.

Die Nichtteilnahme von Kindern am Schulunterricht ist im Wesentlichen anders zu erklären. Ein Grund ist das Fehlen von Schulen, die bequem zu erreichen sind. Genauso wichtig, wie solche Schulen zu bauen, ist aber, den Eltern das Gefühl zu geben, dass ihre Kinder, insbesondere die Mädchen, in der Schule gut aufgehoben sind, während die

Eltern ihrer Berufstätigkeit, von der Bestellung des Landes bis zum Warentransport, nachgehen. Viele Schulen verfügen nur über eine einzige Lehrkraft, und die ist in einigen Gegenden so oft abwesend, dass die Eltern in vielen Fällen nicht sicher sein können, dass sich tagsüber jemand um ihre Kinder kümmert. In Bezug auf Mädchen kann dies eine besonders ernstzunehmende Befürchtung sein. Wenn man die berechtigten Sorgen der Eltern ignoriert und deren Bosheit die Schuld am schlechten Schulbesuch zuschiebt, fügt man dem großen Unrecht noch eine kleine Beleidigung hinzu.

Viele Schulen haben keine Toiletten, einige nicht einmal Klassenräume. Um zu verstehen, warum es *in einigen Fällen* Eltern gibt, die ihre Kinder nicht zur Schule schicken wollen, ist es wichtig, die Schulen nicht einfach nur zu zählen, sondern sie und ihren Lehrbetrieb sich auch von innen anzusehen, die materielle Ausstattung wie das Engagement der Lehrer. Als Student der Wirtschaftswissenschaft am Presidency College in Kalkutta habe ich mich seinerzeit Initiativen von Schullehrern angeschlossen, die eine Erhöhung ihrer kläglich niedrigen Gehälter forderten. Das war vor fünfzig Jahren. Mit den neuen Gehaltserhöhungen für Staatsdiener sind auch die Gehälter der Schullehrer enorm gestiegen. Vergleicht man sie mit den Löhnen von Landarbeitern, so hat sich die Differenz sprunghaft vergrößert; sie ist heute riesig. Einige Kommentatoren lehnen es ab, diese Fragen anzuschneiden: Warum soll man gerade diesen Vergleich anstellen? Das ist eine gute Replik, und es gibt in der Tat viele andere Vergleiche, die ebenfalls instruktiv wären. Dass der Unterschied zwischen der Entlohnung von Lehrern und Landarbeitern unmittelbar relevant ist, ergibt sich jedoch aus einer wirtschaftlichen und, nicht weniger wichtig, einer grundsätzlichen sozialen Überlegung.

Die wirtschaftliche Überlegung bezieht sich auf die Kosten für die Schulbildung der Kinder der Benachteiligten in ländlichen wie städtischen Gebieten. Die Tatsache, dass es in sogenannten «alternativen» Schulen wie den Sishu Siksha Kendras (SSKs) in Westbengalen möglich ist, qualifizierte Lehrer mit den gleichen Bildungsabschlüssen zu einem Bruchteil des im öffentlichen Sektor üblichen Gehalts zu bekommen, zeigt, wie die Kosten für die Schulbildung der Kinder der analphabetischen Massen künstlich in die Höhe getrieben wurden. Dass indische Schullehrer jetzt ein gutes Gehalt beziehen, ist zwar erfreulich, doch müssen auch die Auswirkungen auf die Kosten einer Ausweitung des Schulsystems berücksichtigt werden.

Es überrascht nicht, dass viele Bundesstaaten (darunter Westbengalen und Madhya Pradesh) statt auf Standardschulen zunehmend auf «alternative» Schulen setzen. Aus den Berichten des Pratichi Trust geht hervor, dass die SSKs nicht schlechter sind als Standardschulen. Das mag zwar ein gewisser Trost sein (zumal das Engagement der SSK-Lehrer oft vorbildlich ist), doch kann der alternative Weg angesichts der limitierten Ausstattung dieser Schulen und der Ad-hoc-Struktur des Systems keine langfristige Lösung sein. Die SSKs sind eine überzeugende Notlösung, aber das elementare Problem der Schaffung einer ausreichenden Anzahl von Standardschulen – und der Möglichkeit, diese Erweiterung zu finanzieren – muss in Angriff genommen werden.

Das soziale Problem erfordert nicht weniger dringend

Abhilfe als das wirtschaftliche. Der Pratichi-Bildungsbericht zeigt, dass sich weniger begünstigte Familien im Schulbetrieb vernachlässigt, ja ignoriert fühlen. Das Nichterscheinen der Lehrer ist allgemein recht häufig, aber geradezu unverschämt häufig, wenn der Großteil der Schüler aus den Unterschichten mit kleinem Einkommen und geringerem sozialen Status stammt. Es besteht ein starkes «Klassengefälle» zwischen den ärmeren Kindern und ihren Familien einerseits und den gut bezahlten Lehrern in den Schulen andererseits, die den Studien zufolge oft wenig Zeit für die benachteiligten Kinder haben.

Die rasche Zunahme von Privatunterricht als einem in der Schule angebotenen System zur Ergänzung der Grundschulbildung zeigt nicht nur, wie unzulänglich das Schulsystem geworden ist, sondern auch, dass die Bessergestellten den Nachteilen schlechter Schulbildung leichter ausweichen können, indem sie ihren Kindern zusätzlichen Unterricht kaufen. Privatunterricht für Grundschulkinder ist außerhalb Indiens und Südasiens praktisch unbekannt: In meinen Gesprächen mit chinesischen Pädagogen im vergangenen Jahr hatte ich Schwierigkeiten zu erklären, auf welches Phänomen genau ich mich bezog. Meine Gesprächspartner hatten noch nie etwas von Grundschulbildung durch Privatunterricht gehört! Schlimm an diesem ungewöhnlichen indischen Arrangement ist nicht nur die Ungerechtigkeit, zu der es führt, sondern auch, dass es sich auf die Effizienz des Unterrichts auswirkt. Da reiche Eltern kaum befürchten müssen, dass ihre Kinder unter der schlechten Qualität der Schulen leiden – sie sind ja in der Lage, die Mängel durch Privatunterricht auszugleichen –, haben sie weniger

Interesse daran, ihren Einfluss geltend zu machen, damit die Schulen besser werden.

Den Gewerkschaften der Lehrer, die deren Recht auf ein gutes Gehalt und auf Unabhängigkeit zu Recht mit aller Kraft unterstützt haben, kommt große Bedeutung bei der Förderung von sozialer Gerechtigkeit und Gleichheit in Indien durch Verbesserung der Grundschulen zu. Dasselbe gilt für eine institutionelle Reform, die – wie vom Pratichi-Team vorgeschlagen – darin bestehen könnte, dass schulbasierte Eltern-Lehrer-Komitees (mit einer wirksamen Vertretung ärmerer, benachteiligter Eltern) eingerichtet werden und dass diese Komitees beim Betrieb der Schulen, vielleicht sogar bei der Erneuerung von Budgetzuweisungen, eine mitentscheidende Stimme haben. Außerdem kann das System der Schulinspektionen, das in vielen Bundesstaaten nicht mehr besteht, wiederbelebt werden, um den Schulbetrieb zu verbessern. Wie der Hunger indischer Kinder, so ist auch ihr Analphabetentum weitgehend auf die Ineffizienz und die Ungerechtigkeit der staatlichen Politik zurückzuführen.

Der mehrfache Nutzen von Mittagsmahlzeiten

Die medizinische Versorgung der ärmeren Inder und jener indischen Kinder, die das Unglück hatten, in weniger wohlhabende Familien hineingeboren zu werden, ist genauso problematisch. Doch statt die Analyse in diese Richtung zu erweitern, möchte ich einige der bereits angeschnittenen Probleme genauer untersuchen und die zweite Hälfte dieses Essays zwei Fragen widmen, die speziell mit dem Schulbesuch indischer Kinder zusammenhängen: Erstens: Kann das Problem des Hungers und der Unterernährung zusammen mit dem der Schulbildung durch Programme wie die Bereitstellung warmer Mittagsmahlzeiten in der Schule angegangen werden? Und zweitens: Warum ist Schulbildung für die Zukunft indischer Kinder überhaupt so wichtig?

Mittagsmahlzeiten in der Schule sind keine indische Erfindung. In Europa und anderswo werden sie seit Jahrhunderten bereitgestellt, um Schulen für Kinder attraktiver zu machen und diese besser zu ernähren. In letzter Zeit ist öffentlich viel dafür geworben worden, in allen indischen Schulen warme Mittagsmahlzeiten zur Verfügung zu stellen. Es ist verdienstvoll, dass das Oberste Gericht Indiens kürzlich das «Recht» der indischen Kinder bejaht hat, nicht nur zur Schule zu gehen, sondern dort auch Mittagsmahlzeiten zu erhalten. Viele indische Bundesstaaten haben eingewandt, sie verfügten dafür nicht über die notwendigen Mittel. Tatsächlich haben derzeit mehrere indische Bundesstaaten finanzielle Probleme. Die erwähnte beträchtliche Steigerung der Gehälter im öffentlichen Sektor, der viel mehr finanzieren muss als nur die Gehälter von Lehrern, hat sicher zur relativen Insolvenz einiger Bundesstaaten beigetragen. Damit der Zentralstaat den Bundesstaaten im Rahmen seiner Möglichkeiten bei dieser ungeheuer wichtigen Angelegenheit helfen kann, muss über Mittel und Wege der Zusammenarbeit nachgedacht werden.

Die Bundesstaaten müssen jedoch auch ihre Verpflichtungen und Prioritäten überdenken. In vielen von ihnen – mit dem wegweisenden Beispiel Tamil Nadu – laufen schon gute Programme zur Bereitstellung von Mittagsmahlzeiten. Andere, wie Rajasthan, scheinen sich anschließen zu wollen. Es gibt keinen zwingenden wirtschaftlichen Grund, warum es nicht allen Bundesstaaten möglich sein sollte, dem Beispiel der Vorreiter zu folgen, wenn sie die mittägliche Schulspeisung zu einer ihrer Prioritäten machen. Es stellt sich jedoch die Frage, ob die Mittagsmahlzeiten wirklich besonders wichtig sind und deshalb den Status einer ersten Priorität erhalten sollten. Nun, das ist zu bejahen und leicht zu begründen. Warme Mittagsmahlzeiten in Schulen bieten eine Reihe von miteinander verbundenen weitreichenden Vorteilen.

Erstens: Da indische Kinder unter außergewöhnlicher Unterernährung leiden, spricht aus gesundheitlichen Gründen vieles dafür, diese Benachteiligung durch Mahlzeiten für jedes Schulkind zu verringern. Die Schulen sind ein ausgezeichneter Ort für die Versorgung der Bedürftigsten. Der Mangel an körperlicher und geistiger Leistungsfähigkeit aufgrund von Unterernährung in der Kindheit ist ein echtes Verhängnis der indischen Bevölkerung, aber durch Schulmahlzeiten kann diese Not dramatisch verringert werden.

Zweitens: Die Schulspeisung erhöht die Attraktivität des Schulbesuchs. Es überrascht nicht, dass empirische Studien gezeigt haben, dass Kinder aufgrund dieses Angebots tendenziell viel häufiger zur Schule gehen. Die Verpflegung trägt insofern zur Wirksamkeit des Schulsystems bei.

Drittens: Die Aufmerksamkeitsspanne von Kindern aus ärmeren Familien wird oft dadurch stark verkürzt, dass sie mit nüchternem Magen in die Schule kommen. (Das Pratichi-Team hat ermittelt, wie häufig dies der Fall ist.)

Schulspeisung ist deshalb nicht nur eine Ergänzung zum Schulbesuch, sondern kann zur Effektivität des Unterrichts beitragen.

Viertens: Wenn die Schülerinnen und Schüler statt sogenannter «Trockenrationen» in den Schulen gekochte Mahlzeiten erhalten, wird die Bevorzugung der Jungen in der Familie ausgeglichen. Die Bereitstellung von Mahlzeiten für Schulkinder scheint auch den positiven Effekt zu haben, dass Mädchen von der Familienarbeit zugunsten des Schulbesuchs freigestellt werden.

Fünftens: Die Erfahrung des gemeinsamen Essens in der Schule ohne Differenzierung nach Kaste, Religion, Klasse oder ethnischer Zugehörigkeit ist auch ein Beitrag zum Aufbau eines stärker geeinten Indiens. Gemeinsam unterrichtet zu werden ist an sich schon eine egalitäre Erfahrung, aber auch das gemeinsame Essen in der Schule kann wesentlich zur Entwicklung einer nicht diskriminierenden Sichtweise beitragen.

Die Gegner der Mittagsmahlzeiten verweisen demgegenüber auf mehrere Schwierigkeiten. Die finanzielle Seite habe ich bereits erörtert; sie kann mit Sicherheit überwunden werden. Darüber hinaus kann es organisatorische Probleme geben, insbesondere dann, wenn das Essen stark gekocht werden muss (wie es bei den in Rajasthan verwendeten Getreidekörnern der Fall zu sein scheint), und offenbar besteht die Gefahr, dass die Kinder krank werden, wenn bei den Nahrungsmitteln gespart wird. Diese organisatorischen Probleme erfordern genaue Untersuchungen (einschließlich einer weiteren Prüfung, welche Getreideart zu verwenden und ob weniger stark gekochtes Essen für Kinder ernährungsphysiologisch nicht ohnehin geeigneter ist). Viele Bundesstaaten haben diese Probleme überwunden; das wird auch den anderen möglich sein.

Es wird manchmal argumentiert, dass Beschulung mit der Vermittlung von Bildung, nicht mit Verpflegung zu tun habe und dass es nicht Aufgabe der Lehrer sei, das Kochen zu beaufsichtigen. Aus diesem Argument spricht ein künstlich fragmentierter Blick auf das Leben der Kinder. Demgegenüber kann man sogar behaupten, dass nicht nur die Fehlzeiten der Kinder, sondern auch die der Lehrer verringert werden, wenn die Bereitstellung regelmäßiger Schulmahlzeiten zum Standard wird. In einer Schule traditionellen Typs (ohne Mahlzeiten) werden die Kinder zwar langfristig darunter zu leiden haben, wenn ein Lehrer immer wieder nicht erscheint (nur Schule über Jahre, nicht über Stunden ist von Nutzen), aber es wird nicht unmittelbar zu großer Unzufriedenheit führen, weil Kinder – verständlicherweise – genauso gern spielen wie lernen. Verlässt sich ein Kind aber darauf, in der Schule eine warme Mahlzeit zu erhalten, führt ein Nichterscheinen des Lehrers sofort zu Beunruhigung. Die Tatsache, dass ein solches Nichterscheinen dann mehr Proteste hervorruft, lässt vermuten, dass ein Schulbetrieb *mit* Bereitstellung warmer Mahlzeiten in geordneteren Bahnen verläuft. Statt den normalen Unterricht zu «stören», wie manchmal behauptet wird, kann diese Bereitstellung die Effektivität des Unterrichts vergrößern, weil das beunruhigende Phänomen des Nichterscheinens der Lehrer dadurch unwahrscheinlicher wird.

Warum ist es sinnvoll, dass Kinder zur Schule gehen?

Ich wende mich nun der letzten Frage zu. Was ist das Besondere an der Schule? Es gab in Indien immer eine große Skepsis in Bezug auf den Wert der formalen Schulbildung, eine Skepsis, der sogar Mahatma Gandhi seine Stimme lieh. Dass die Vermittlung von Schulbildung eine wichtige staatliche Aufgabe ist, wird in Indien so oft in Frage gestellt wie fast nirgendwo sonst auf der Welt, ganz gleich ob man nach Japan, China, Korea und Vietnam oder nach Frankreich, Großbritannien, den USA, Brasilien oder Kuba schaut. Daher möchte ich, auf die Gefahr hin, offene Türen einzurennen, erörtern, was der Sinn der Schulbildung sein kann.

Die Bedeutung von Schulbildung ist wirklich unermesslich, und sie hat viele Aspekte.

Erstens: Analphabetismus und Dyskalkulie sind schwerwiegende Mängel und «Unfreiheiten». Wer nicht lesen, schreiben und rechnen kann, ist weniger frei, über sein Leben zu bestimmen.

Zweitens: Basisbildung kann sehr wichtig sein, um eine anständig bezahlte Arbeit zu bekommen. Indien hat sehr unter der Vernachlässigung der Elementarbildung gelitten, in der heimischen Wirtschaft wie im Welthandel – weil dadurch die Fähigkeit großer Teile der Bevölkerung reduziert wurde, von dessen Möglichkeiten zu profitieren. Wo immer die Bildungschancen in Indien gut waren (z.B. in der technischen Ausbildung auf hohem Niveau und in der Ausbildung spezialisierter Fertigkeiten), waren Inder mit dem entsprechenden Bildungshintergrund in der Lage, die globalen Möglichkeiten in hervorragender Weise zu nutzen. Jetzt ist es notwendig, die Basisbildung zu verbessern und die grundlegenden technischen Fertigkeiten weiter zu verbreiten.[4] Indien wirft neidische Blicke auf die jüngsten wirtschaftlichen Erfolge Ost- und Südostasiens und hat die Chancen des globalisierten Handels dort deutlich vor Augen. Diese Chancen sind in der Tat enorm, aber sie zu nutzen in einer sich rasch globalisierenden Welt, in der Qualitätskontrolle und Produktion nach strengen Vorgaben von entscheidender Bedeutung sind, setzt die Basisbildung der Bevölkerung voraus.

Drittens: Zur Schule gehen ist nicht nur eine Möglichkeit, Wissen zu erwerben, sondern auch eine Gelegenheit, das Elternhaus zu verlassen und Menschen aus Familien kennenzulernen, die andere Wertvorstellungen haben und andere Lebensbereiche kennen. Der Schulbesuch und die Disziplin, die er voraussetzt, können für ein Kind darüber hinaus Erfahrungen ganz anderer Art vermitteln als die, die das Familienleben ihm bietet. Die Bildung eines Kindes, das zur Schule geht, kommt nicht nur aus dem formalen Unterricht, sondern auch aus der Erfahrung des Schulbesuchs selbst.

Viertens: Wenn Menschen Analphabeten sind, wird ihr Vermögen, ihre gesetzlich verbürgten Rechte zu verstehen und geltend zu machen, stark eingeschränkt sein. Für Frauen etwa, die nicht lesen und schreiben können, kann dies ein erhebliches Hindernis sein, auch nur von den ziemlich begrenzten Rechten, die sie haben, Gebrauch zu machen. Eine bahnbrechende Studie von Salma Sobhan hat dies vor vielen Jahren belegt.[5] Mangel an Schulbildung führt unmittelbar zu Unsicherheiten, weil die Benachteilig-

ten die Mittel und Wege, ihrer Benachteiligung entgegen-
zuwirken, nicht kennenlernen.

Fünftens: Analphabetismus dämpft tendenziell auch die
politische Stimme der Außenseiter und trägt damit unmittelbar zur Unsicherheit bei. Der Zusammenhang zwischen
Stimme und Sicherheit kann sehr eng sein: Die Tatsache,
dass es in Demokratien nicht zu schweren Hungersnöten
kommt, ist nur ein Beispiel für die Wirksamkeit von politischer Stimme und Teilhabe. Dass Basisbildung Menschen
hilft, ihre Interessen wirksamer zu vertreten, hat eine beträchtliche Schutzfunktion und ist für die Sicherheit dieser
Menschen daher von zentraler Bedeutung.

Sechstens: Empirische Studien der letzten Jahre haben
deutlich gezeigt, dass das Wohlergehen von Frauen stark
beeinflusst wird von deren Möglichkeit, eine Beschäftigung
außer Haus zu finden und ein eigenes Einkommen zu er-
zielen, von Eigentumsrechten, von der Fähigkeit zu lesen
und zu schreiben, und von der Möglichkeit, informiert
an Entscheidungen innerhalb und außerhalb der Familie
mitzuwirken. Auch der Überlebensnachteil der Frauen gegenüber den Männern in Entwicklungsländern scheint
stark zurückzugehen und vielleicht sogar zu verschwinden,
wenn Fortschritte bei der Förderung der Handlungsfähigkeit der Frauen gemacht werden.[6]

Die Faktoren, die die Situation der Frauen verbessern
können, wie ein eigenes Einkommen, eine wirtschaftliche
Stellung außerhalb der Familie, Alphabetisierung und Bildung, Eigentumsrechte, mögen auf den ersten Blick ziemlich disparat erscheinen, tragen aber alle zur Stärkung der
Mitsprache und der Handlungsfähigkeit der Frauen bei.

Die verschiedenen Faktoren, die die Forschung herausgearbeitet hat, wirken alle in die Richtung einer Stärkung der weiblichen Position.

Sie sind aber nicht nur für die Frauen selbst wichtig, sondern haben auch weitreichende Folgen für das Leben aller, weil sie sich auf die Kräfte und Ordnungen auswirken, die die Entscheidungen *innerhalb* der Familien bestimmen. Es gibt z. B. zahlreiche Belege dafür, dass die Geburtenraten mit zunehmender Stärke der Frauen stark zurückgehen. Das überrascht nicht, da nichts so sehr das Leben junger Frauen beeinträchtigt wie das unablässige Gebären und Großziehen von Kindern. Alles, was die Entscheidungsbefugnis dieser Frauen stärkt und die Rücksichtnahme auf ihre Interessen steigert, führt im Allgemeinen dazu, ihnen zu viele Schwangerschaften zu ersparen. Aus vergleichenden Studien von Mamta Murthi und Jean Dreze über die einzelnen Distrikte innerhalb Indiens geht z. B. hervor, dass Schulbildung und Berufstätigkeit von Frauen die beiden wichtigsten Faktoren bei der Verringerung der Geburtenraten sind.[7]

Es gibt viele Indizien dafür, dass Bildung und Alphabetisierung der Frauen tendenziell auch die Kindersterblichkeit senken. Das hat viele Gründe, aber am wichtigsten sind wohl die Bedeutung, die Mütter dem Wohlergehen ihrer Kinder beimessen, und ihre Möglichkeit, familiäre Entscheidungen in diese Richtung zu lenken, sofern ihre Stimme respektiert und gehört wird. In ähnlicher Weise scheint die Stärkung von Frauen einen großen Einfluss darauf zu haben (Murthi und Dreze liefern auch dafür Belege), die oft beobachtete geschlechtsspezifische Ungleichheit, was das Überleben von Kindern betrifft, zu verringern, d.h. die negative Voreingenommenheit gegenüber weiblichen Babys und Kleinkindern zu reduzieren.

Die Zusammenhänge zwischen Basisbildung und Handlungskompetenz von Frauen sind von zentraler Bedeutung für das Verständnis des Beitrags, den Schulbildung zum Wohlergehen und zur Befreiung der Menschen leistet. Die Aufhebung der Überlebensnachteile von Frauen und insbesondere jungen Mädchen, die Verringerung der Kindersterblichkeit unabhängig vom Geschlecht und der mäßigende Einfluss auf die Geburtenraten gehören zu den wichtigsten Aspekten im Kampf gegen die Gefahren für Leben und Würde. Der Schulbesuch von Mädchen ist daher ein entscheidend wichtiger Beitrag zum sozialen Wandel.

Natürlich ist auch wichtig, was auf dem Lehrplan stehen soll. Zu berücksichtigen ist dabei neben der Bedeutung der technischen Fertigkeiten in unserer globalisierten Welt auch anderes, denn die Schulbildung kann einen starken Einfluss auf die Identität eines Menschen und die Art und Weise haben, wie er die anderen sieht. In letzter Zeit hat die Vorstellung von einem bevorstehenden «Kampf der Kulturen» viel an Aktualität gewonnen. Das Spalterische an dieser Perspektive ist nicht die Vorstellung von der Unvermeidbarkeit eines solchen Kampfes (auch sie wirkt spalterisch), sondern der eindimensionale Blick auf die Menschen. Diese im Sinne einer angeblich alle anderen Aspekte dominierenden Klassifizierung zu sehen ist selbst ein Beitrag zur politischen Unsicherheit.[8]

Das Thema hat (indirekt) im Zusammenhang mit der Rolle der Koranschulen bei der Ausbreitung des Fundamentalismus in Pakistan und anderswo Beachtung gefunden, aber auch von anderer Seite droht Gefahr, wenn man bedenkt, dass einige politische Gruppen in Indien für eine kulturelle und bildungspolitische Verengung eintreten. Selbst in Schulbücher ist eingegriffen worden, um eine spezifisch «hinduistische» Sichtweise im Verständnis der Geschichte Indiens herauszustreichen. Bekannte historische Phänomene, die für Indiens außergewöhnlich pluralistisches Erbe von Bedeutung sind (von der Blüte der vorindoeuropäischen Zivilisation im Industal bis zur Absorption mehrerer Wellen von Neuankömmlingen), werden in Versuchen, Indiens Vergangenheit politisch neu zu schreiben, unterschlagen. Das ist eine unheilvolle Entwicklung. Ein guter, nicht-sektiererischer Lehrplan wird für die Rolle der Bildung bei der Sicherung einer besseren Zukunft der Kinder Indiens von zentraler Bedeutung sein.

Wie die leibliche Nahrung, so ist auch die Bildung etwas, was Menschen «nährt». Die Gedanken indischer Kinder sollten nicht vergiftet werden, so wenig wie ihre Körper hungern, ihre Fähigkeiten vernachlässigt und ihre Potentiale vergeudet werden sollten. Wir schießen uns seit langem selbst in den Fuß – durch unsere einseitige Nahrungsmittelpolitik, unsere halbherzigen Anstrengungen in Sachen Bildung, unsere unzulängliche Gesundheitspolitik –, und jetzt gibt es zusätzlich noch die Lehrplanbarbarei in den Schulen, die darauf hinausläuft, dass wir uns auch in den anderen Fuß schießen. Die indischen Kinder haben Besseres verdient. Sie brauchen Tageslicht, nicht Dunkelheit und die Ängste, die «durch Erzählungen verstärkt» werden.

4

DIE WELT TEILEN

WECHSELSEITIGE ABHÄNGIGKEIT UND
GLOBALE GERECHTIGKEIT

Gerechtigkeit, so heißt es, muss nicht nur geübt werden, es muss auch erkennbar sein, dass sie geübt wird. Oder, um es explizit mit den Worten Lord Hewarts aus seinem berühmten Urteil von 1923 zu sagen: Gerechtigkeit «sollte als offensichtlich und unzweifelhaft geübt erkennbar werden». Es ist nützlich, sich dieses Gebot in Erinnerung zu rufen, wenn man die Vor- und Nachteile der Globalisierung im Allgemeinen und die Bedeutung der wechselseitigen Abhängigkeit für ihren Erfolg bewertet. Es gibt gute Gründe für die Behauptung, dass die wirtschaftliche Globalisierung ein überaus erstrebenswertes Ziel ist und dass sie in der heutigen Welt einen positiven Beitrag leistet. Doch ist es für sehr viele Menschen unbestreitbar nur schwer «erkennbar», dass die Globalisierung ein Segen für alle ist, auch für die Ärmsten. Das macht die Globalisierung nicht zu einem Ziel, das wir lieber nicht verfolgen sollten, aber es verlangt von uns zu untersuchen, warum es schwer ist, allen klarzumachen, dass die Globalisierung «offensichtlich und unzweifelhaft» gut ist.

Die kritische Bewertung der Globalisierung muss Hand in Hand gehen mit dem Versuch zu verstehen, warum so viele Gegner, die nicht von Widerspruchsgeist oder Verstocktheit «beseelt» sind, nicht einsehen können, dass die Globalisierung für die Benachteiligten auf der ganzen Welt ein großer Segen ist. Wenn es vielen Menschen, vor allem in den weniger wohlhabenden Ländern der Welt, schwerfällt zu erkennen, dass die Globalisierung in ihrem Interesse ist, dann liegt darin eine echte Herausforderung. Sie besteht in der Notwendigkeit eines «öffentlichen Denkrahmens», wie es der Philosoph John Rawls bezeichnet hat; ein solcher Denkrahmen ermöglicht «eine Darstellung der Übereinstimmung im Urteil vernünftiger Akteure». Rawls' eigene Analyse der kritischen Bewertung beschränkte sich weitgehend auf Fragen der Gerechtigkeit innerhalb eines Landes, sie kann aber auf globale Auseinandersetzungen ausgedehnt werden und muss das auch, wenn wir versuchen, die Zwecke, aber auch die Mittel und Wege einer angemessenen Globalisierung zu bewerten. Das Ziel der Globalisierung kann nicht allein im Austausch von Waren bestehen, sie muss auch zum Austausch zwischen den Köpfen führen.

Verteilung des Nutzens

Als die Generalversammlung der Vereinten Nationen den Generalsekretär vor einem Jahr bat, einen Bericht über «Globalisierung und wechselseitige Abhängigkeit» erstellen zu lassen, um «für mehr Kohärenz zu sorgen», öffnete sie damit die Tür nicht nur für konventionelle Fragen nach Mitteln und Wegen, sondern auch für Fragen, die sich mit der Transparenz von Bewertungen und mit der Erkennbarkeit von Vorteilen befassen. Wir müssen vor allem fragen, wie die globalen Wirtschaftsbeziehungen so bewertet werden können, dass bezüglich der Bewertungen ein breiter Konsens möglich ist.

Nachdem ich diesen Essay recht allgemein begonnen habe, möchte ich nun, um mich kurz zu fassen, eine Bewertung vornehmen. Die Errungenschaften der Globalisierung sind in vielen Teilen der Welt beeindruckend. Es ist kaum zu übersehen, dass die Weltwirtschaft einigen Regionen der Welt Wohlstand gebracht hat. Vor einigen Jahrhunderten waren weltweit Armut und ein – mit Thomas Hobbes zu sprechen – «garstiges, brutales und kurzes» Leben die Regel, Inseln mit Wohlstand gab es nur wenige. Zur Überwindung dieses Elends haben umfangreiche wirtschaftliche Verflechtungen und der Einsatz moderner Technologie in hohem Maße beigetragen.

Es ist auch nicht schwer einzusehen, dass die wirtschaftliche Not der Armen auf der ganzen Welt nicht beseitigt werden kann, indem man ihnen die großen Vorteile der modernen Technologie, die Effizienz des internationalen Handels, die sozialen und wirtschaftlichen Vorzüge eines Lebens in offenen statt geschlossenen Gesellschaften vorenthält. Die Menschen in stark benachteiligten Ländern schreien nach den Früchten der modernen Technologie (z. B. nach neuen Medikamenten, etwa zur Behandlung von Aids); sie wünschen sich für eine Vielzahl von Waren, von

Zucker bis zu Textilien, besseren Zugang zu den Märkten der reicheren Länder; und sie fordern mehr Mitspracherecht und mehr Aufmerksamkeit vom Rest der Welt. Wenn es Skepsis in Bezug auf die Ergebnisse der Globalisierung gibt, dann nicht, weil die leidende Menschheit sich in ihr Schneckenhaus zurückziehen wollte.

Zu den vorrangigen praktischen Aufgaben gehört die Schaffung der Möglichkeit, die bemerkenswerten Vorteile der wirtschaftlichen Verflechtungen, des technologischen Fortschritts und der politischen Chancen so zu nutzen, dass die Interessen der Benachteiligten angemessen berücksichtigt werden.[1] Das, so möchte ich behaupten, ist die konstruktive Frage, die sich aus den Aktivitäten der Globalisierungsgegner ergibt. Es geht nicht darum, die globalen Wirtschaftsbeziehungen schlechtzumachen, sondern den Nutzen der Globalisierung gerechter zu verteilen.

Wie fair ist der Anteil?

Die Verteilungsfragen, die in der Rhetorik der Gegner wie der Befürworter der Globalisierung eine so große Rolle spielen, bedürfen der Klärung. Ich möchte behaupten, dass dieses zentrale Thema aufgrund der Popularität anderer, unscharf formulierter Fragen bisher nicht angemessen behandelt worden ist. So wird oft behauptet, die Armen würden ärmer. Dies hat sich zwar in einigen Fällen bewahrheitet, ist aber keineswegs der Normalfall – ganz im Gegenteil. Viel hängt ohnehin davon ab, welche Indikatoren für wirtschaftlichen Wohlstand gewählt werden; die Antworten, die sich daraus ergeben, sprechen nicht mit *einer* Stimme. Außerdem liegt die Verantwortung für Misserfolge nicht nur in der Natur der globalen Beziehungen, sondern auch, ja oft genug mehr noch in der nationalen Wirtschafts- und Sozialpolitik. Bei einer geeigneten Innenpolitik, mit dem Ausbau von Basisbildung und Gesundheitsversorgung, mit Landreformen und der Schaffung von Möglichkeiten, Kredite und Mikrokredite aufzunehmen, können globale Wirtschaftsbeziehungen Früchte tragen. Dies sind geeignete Themen für öffentliche Diskussionen – auch zur Übung der Köpfe –, da wirtschaftliches Verständnis durch unkritische und voreilige Zuweisung von Verantwortung stark behindert werden kann.

Andererseits berufen sich Enthusiasten der Globalisierung in deren heutiger Form oft darauf, dass die Armen auf der Welt in der Regel nicht etwa ärmer (wie oft behauptet), sondern weniger arm werden. Die Globalisierung, behaupten sie, könne also den Armen gegenüber nicht unfair sein: Auch sie würden von ihr profitieren, wo also liege das Problem? Würde man dieser Frage zentrale Bedeutung beimessen, so würde sich die ganze Debatte um die Frage drehen, wer in der in erster Linie empirischen Frage recht hat: Werden die Armen ärmer, oder werden sie reicher?

Aber ist das die richtige Frage? Ich behaupte, dass sie das nicht ist, keineswegs. Dass die Armen ein wenig reicher werden, bedeutet nicht, dass sie einen *fairen* Anteil am Nutzen der wirtschaftlichen Beziehungen und den gewaltigen Potentialen der Globalisierung erhalten. Die triftige Frage lautet auch nicht, ob die internationale Ungleichheit geringfügig größer oder kleiner wird. Um gegen die entsetzliche Armut und die erschreckenden Ungleichheiten rebellieren zu dürfen, die die heutige Welt kennzeichnen, und um zu Recht gegen die unfaire Verteilung des Nutzens der globalen Zusammenarbeit zu protestieren, braucht man nicht zu beweisen, dass die sehr große Ungleichheit noch größer werde.

Die zentralen Fragen sind (von beiden Seiten) viel zu oft durch allzu heftige Debatten über Nebensächlichkeiten vernebelt worden. Wenn Zusammenarbeit Gewinne abwirft, kann es viele Regelungen geben, mit denen jede Partei besser dasteht als ohne Zusammenarbeit. Daher muss gefragt werden, ob die Verteilung der Gewinne *fair* und *akzeptabel* ist, nicht nur, ob *alle* Parteien gewinnen (was, wie gesagt, bei sehr vielen Regelungen der Fall sein kann). Wie der Mathematiker und Spieltheoretiker J. F. Nash vor mehr als einem halben Jahrhundert dargelegt hat (in einem 1950 in *Econometrica* erschienenen Aufsatz, der zu jenen Schriften zählte, die von der Königlich Schwedischen Akademie bei der Verleihung des Nobelpreises an ihn zitiert wurden), lautet die zentrale Frage nicht, ob eine bestimmte Vereinbarung für alle besser ist als keine Zusammenarbeit, sondern ob die Verteilung des Nutzens angesichts der alternativ möglichen Vereinbarungen eine *faire* Verteilung ist.[2] Die Kritik, eine Vereinbarung über die Verteilung des Ertrags einer Zusammenarbeit sei unfair, kann nicht durch die bloße Feststellung widerlegt werden, dass alle Parteien bessergestellt sind, als es ohne Zusammenarbeit der Fall wäre: Es kann viele, ja unendlich viele solcher Vereinbarungen geben, und die eigentliche Aufgabe ist die Wahl zwischen ihnen.

Die Jagd nach Phantomproblemen

Ich möchte versuchen, dies mit einer Analogie zu illustrieren. Um zu begründen, dass ein besonders sexistisches Familienarrangement unfair ist, muss nicht bewiesen werden, dass Frauen vergleichsweise besser dran wären, wenn es gar keine Familien gäbe. Darum geht es nicht. Der eigentliche Streitpunkt ist, ob die Vorteile des Systems Familie innerhalb der existierenden institutionellen Arrangements in hohem Maße ungleich verteilt sind. Die Frage, auf die sich viele Globalisierungsdebatten konzentriert haben, nämlich ob auch die Armen von der etablierten Wirtschaftsordnung profitieren, sondiert an der verkehrten Stelle – sie ist definitiv die falsche Frage. Stattdessen ist zu fragen, ob es für die Armen einen gerechteren Deal geben kann, mit einer weniger ungleichen Verteilung der wirtschaftlichen, sozialen und politischen Chancen und wenn ja, welche internationalen und innerstaatlichen Regelungen ihnen dazu verhelfen können. Hier liegen die wirklichen Probleme.

Das ist auch der Grund, warum die sogenannten «Globalisierungsgegner», die einen besseren Deal für die Außenseiter der Weltwirtschaft anstreben, entgegen ihrer eigenen Rhetorik nicht wirklich globalisierungskritisch sind: Ihr Wunsch muss ein gerechterer Deal sein, eine fairere Verteilung der Chancen in einer veränderten globalen Ordnung. Und darum ist es auch kein Widerspruch, dass die Proteste der Globalisierungsgegner zu den am stärksten globalisierten Ereignissen der heutigen Welt gehören. Sie müssen letztlich eine globale Lösung fordern, nicht nur lokale Rückzüge.

Aber kann der Deal der Parteien der globalisierten wirtschaftlichen und sozialen Beziehungen geändert werden, ohne diese Beziehungen zu sprengen oder zu untergraben, vor allem: ohne die globale Marktwirtschaft zu zerstören? Die Antwort, behaupte ich, lautet eindeutig Ja. Marktwirtschaft ist mit vielen verschiedenen Eigentumsverhältnissen, Ressourcenverfügbarkeiten, sozialen Möglichkeiten, Betriebsregeln (Patentgesetzen, Kartellvorschriften usw.) vereinbar. Und je nach den Bedingungen führt sie zu unterschiedlichen Ergebnissen, Preisen, Handelsbedingungen, Einkommensverteilungen. Die Regelungen für soziale Sicherheit und andere öffentliche Interventionen können die Ergebnisse der Marktprozesse zusätzlich verändern. Zusammen könnten all diese Ausgestaltungen das derzeitige Maß an Ungleichheit und Armut stark verringern. Das setzt nicht die Abschaffung der Marktwirtschaft voraus, sondern fordert Veränderungen der wirtschaftlichen und sozialen Bedingungen, die mitentscheiden, welche Marktlösungen entstehen.

Die zentrale Frage ist nicht – und kann nicht sein –, ob die wirtschaftliche Ordnung eine Marktwirtschaft sein soll. Diese törichte Frage ist leicht zu beantworten, da ohne umfassende Nutzung der Möglichkeiten des Austauschs und der Spezialisierung, die Marktbeziehungen eröffnen, großer wirtschaftlicher Wohlstand nicht erreicht werden kann. Auch wenn das Funktionieren der Marktwirtschaft mit erheblichen Mängeln behaftet sein kann (z. B. aufgrund von asymmetrischen und allgemeiner: unvollständigen Kenntnissen), die bei der Gestaltung öffentlicher Politik berücksichtigt werden müssen, kann auf die Institution der

Märkte im Allgemeinen als Motor wirtschaftlichen Fortschritts nicht verzichtet werden. Märkte nutzen ist wie Prosa sprechen: Viel hängt davon ab, *welche* Prosa wir sprechen wollen.

Marktwirtschaft allein funktioniert in globalisierten Beziehungen nicht, allein funktioniert sie nicht einmal innerhalb eines Landes: Nicht nur, dass ein marktwirtschaftliches Gesamtsystem je nach den Rahmenbedingungen (der Verteilung der physischen Ressourcen, der Entwicklung der Humanressourcen, den Regeln für Geschäftsbeziehungen, den sozialen Sicherungssystemen usw.) sehr verschiedene Ergebnisse zeitigen kann, vielmehr hängen die Rahmenbedingungen selbst entscheidend von den national und global agierenden wirtschaftlichen, sozialen und politischen Institutionen ab. Wie zahlreiche empirische Studien nachgewiesen haben, werden die Marktergebnisse in hohem Maße durch die öffentliche Politik in den Bereichen Bildung, Epidemiologie, Landreform, Mikrokreditfazilitäten, Rechtsschutz usw. beeinflusst, und in jedem dieser Bereiche gibt es von der Politik zu regelnde Dinge, die das Ergebnis lokaler und globaler Wirtschaftsbeziehungen radikal verändern können. Diese wechselseitigen Abhängigkeiten müssen wir ins Feld führen und nutzen, um mehr Wohlstand, mehr Gerechtigkeit und mehr Sicherheit zu erreichen.

Die kritische Stimme der Protestbewegungen kann eine sehr positive Rolle spielen, sie muss aber reale, keine Phantomprobleme ansprechen. Es ist sicher richtig, dass der globale Kapitalismus normalerweise mehr darauf bedacht ist, den Bereich der Marktbeziehungen zu erweitern, als beispielsweise Demokratie zu etablieren oder die Basisbildung und die sozialen Chancen der Benachteiligten zu verbessern. Globalisierung der Märkte allein kann ein völlig unangemessener Ansatz für die Schaffung weltweiten Wohlstands sein. Um diese Erkenntnis ständig im Blick zu behalten, können prüfender Blick und Protest eine konstruktive Rolle spielen.

Globale Gerechtigkeit teilen

Die Ungerechtigkeiten, die unsere Welt prägen, hängen eng mit Versäumnissen und Bestimmungen zusammen, die überwunden werden müssen, vor allem in den institutionellen Rahmenbedingungen. Hier spielt die Weltpolitik eine Rolle (z. B. bei der Verteidigung der Demokratie und dem Einsatz für Schulbildung und internationale Gesundheitseinrichtungen), aber es ist auch notwendig, die Angemessenheit der *globalen* institutionellen Bedingungen zu überprüfen. Wer von der Weltwirtschaft wie stark profitiert, hängt unter anderem von einer Vielzahl solcher Ausgestaltungen ab, wie Handelsabkommen, medizinischen Initiativen, bildungsbezogenen Austauschprogrammen, Einrichtungen für die Verbreitung von Technologien, Umweltauflagen und der fairen Behandlung angehäufter Schulden, die oft in der Vergangenheit von verantwortungslosen Militärdiktaturen gemacht wurden.

Zu den Bestimmungen, die um der elementaren globalen Gerechtigkeit willen korrigiert werden müssen, gehören nicht nur ineffiziente und ungerechte Handelsbeschränkungen, die Exporte aus ärmeren Ländern unterdrücken, sondern auch Patentgesetze, die zu Hindernissen für den Einsatz lebensrettender Medikamente gegen Krankheiten wie Aids werden und die für Forschungen zur Entwicklung von Medikamenten, die, wie etwa Impfstoffe, nicht wiederholt eingesetzt werden, keine zureichenden Anreize setzen.

Eine weiterer globaler Missstand, der sehr viel Unheil und auch dauerhafte Verarmung zur Folge hat, ist der globalisierte Waffenhandel der Weltmächte. Dies ist ein Gebiet, auf dem eine neue globale Initiative dringend erforderlich ist, eine Initiative, die wichtiger ist als die (allerdings dringende) Notwendigkeit, den Terrorismus einzudämmen, auf den sich das Augenmerk derzeit so stark richtet. Lokale Kriege und militärische Konflikte, die überaus zerstörerische Folgen haben (nicht zuletzt für die wirtschaftlichen Aussichten armer Länder), zehren nicht nur von regionalen Spannungen, sondern auch vom weltweiten Handel mit Rüstungsgütern. Das Establishment der Weltwirtschaft hat sich in dieses Geschäft tief eingegraben: Die G8-Länder sind seit vielen Jahren für mehr als vier Fünftel der internationalen Waffenexporte verantwortlich.

Allein auf die Vereinigten Staaten entfallen ungefähr die Hälfte der weltweiten Waffenexporte, und etwa zwei Drittel davon gehen in die Entwicklungsländer. Die führenden Politiker der Welt, die über die Verantwortungslosigkeit der Globalisierungsgegner verstimmt oder empört sind, stehen an der Spitze jener Länder, die mit diesem schrecklichen Handel das meiste Geld verdienen.

Wenn es nicht leicht «erkennbar» ist, dass in der globalen

Welt Gerechtigkeit geübt werde, so liegt das nicht an einer optischen Täuschung. Die Aufgabe, globale Gerechtigkeit herzustellen, haben wir alle gemeinsam. Sie ist eine Aufgabe, die politische und soziale Reformen wie auch wirtschaftliches Engagement verlangt. Jeder Markt funktioniert so gut wie seine Umgebung.

5

ARMUT, KRIEG UND FRIEDEN

In ihrem Briefwechsel aus dem Jahr 1998 beschäftigten sich die beiden großen Autoren Nadine Gordimer und Kenzaburō Ōe mit der Frage der Gewalt.[1] Dass diese Frage sie in ihren Briefen so stark beschäftigen würde, das hätte sie nicht überraschen sollen, schrieb Gordimer und fuhr fort: «Das ist ein ‹Erkennen› zwischen zwei Schriftstellern, aber es ist auch mehr. Es ist die Erkenntnis, dass es für Schriftsteller eine unausweichliche Notwendigkeit ist, die von der Gesellschaft ausgesandten kryptischen Signale zu deuten und ihre wahre Bedeutung zu erschließen.» Die Notwendigkeit, die unausweichliche Notwendigkeit, Gewalt zu verstehen, beschäftigt nicht nur Autoren wie Gordimer und Ōe, die uns mit ihren scharfsinnigen Einsichten aufklären, sondern treibt uns alle um, beunruhigt uns und bringt uns ins Grübeln. Wir versuchen zu verstehen, was wir an uns selbst beobachten, was wir von anderen lernen können und was wir selbst beitragen können – wenn wir nur wüssten, wie.

Die «von der Gesellschaft ausgesandten kryptischen Signale», um Gordimers kluge Formulierung zu verwenden, beschäftigen uns alle auf die eine oder andere Weise. Fragen der Gewalt und Unsicherheit sind in unserer Welt allgegenwärtig. Wir mögen von Frieden träumen, doch vor Augen haben wir tagtäglich Krieg und Gewalt. Ihre furchtbare Wirkung, Menschen die Sicherheit zu nehmen, ist eine Erfahrung der ganzen Welt.[2]

Die Welt der Sozialwissenschaften, der ich im weitesten Sinn angehöre, bemüht sich seit langem, diesen elementaren Sorgen mit empirischen Untersuchungen auf den Grund zu gehen. Ich glaube jedoch nicht, dass wir dabei sehr weit gekommen sind. Tatsächlich wurde die Beschäftigung mit Fragen des menschlichen Sicherheitsbedürfnisses und seiner Verletzung durch andere Fragen in den Hintergrund gedrängt, die drängender wirkten, Fragen zum Wirtschaftswachstum bestimmter Länder und Regionen, zur allgemeinen gesellschaftlichen und wirtschaftlichen Entwicklung in verschiedenen Teilen der Welt und zu den Anforderungen der nationalen Sicherheit. Immerhin kann man erfreulicherweise feststellen, dass das Thema der menschlichen Sicherheit mittlerweile mehr Aufmerksamkeit von den Sozialwissenschaften erfährt, es hat sich zu einem neuen Feld systematischer Forschung entwickelt. Es gibt Untersuchungen zur Natur, zum Inhalt und zu den Anforderungen menschlicher Sicherheit sowie zu den Mitteln und Wegen, wie man die Unsicherheit, die unser Leben belastet, verringern und wenn möglich sogar beseitigen kann.

Die Vorstellung von menschlicher Sicherheit steht im Gegensatz zur «nationalen» oder «staatlichen Sicherheit», die in erster Linie den Schutz der nationalen Stabilität bedeutet und nur indirekt Verbindung zur Sicherheit der

Menschen hat, die in diesen Staaten leben. Die nationale Sicherheit in dieser konzentrierten und irgendwie auch distanzierten Form steht seit Jahrhunderten im Mittelpunkt des politischen Denkens, und wir, Menschen, die in verschiedenen Ländern dieser Welt leben, können uns glücklich schätzen, dass die Forderungen nach menschlicher Sicherheit, die weit über die Belange der nationalen Sicherheit hinausgehen, heute weltweit mehr Aufmerksamkeit erhalten. Bei einer genaueren Betrachtung der Ursachen für die Unsicherheit in unserem Leben – Gewalt, Armut, Krankheit und andere verbreitete Übel – kommt die weitreichende Rolle der gesellschaftlichen, wirtschaftlichen, politischen und kulturellen Einflüsse zum Vorschein, die das begrenzte Konzept der nationalen Sicherheit nicht erfassen kann.

Der Unterschied mag deutlich sein, doch um das menschliche Sicherheitsbedürfnis adäquat darzustellen, ist es wichtig, sein Verhältnis zu anderen am Menschen orientierten Konzepten wie beispielsweise dem der menschlichen Entwicklung zu verstehen – und auch hier die Unterschiede zu erkennen. Diese Konzepte, vor allem das Konzept der menschlichen Entwicklung, sind vom Leben des Einzelnen nicht so weit entfernt wie das Streben nach nationaler Sicherheit, doch sie haben ihre jeweiligen Prioritäten, die sich nicht zwangsläufig mit dem Wunsch nach menschlicher Sicherheit decken. Es ist daher zu fragen, was die Vorstellung von menschlicher Sicherheit zu diesen etablierten Vorstellungen beiträgt, vor allem zur menschlichen Entwicklung.

Die Theorie der menschlichen Entwicklung, die unter anderen von dem visionären Ökonomen Mahbub ul Haq erarbeitet wurde, hat viel zur Erweiterung und Bereicherung der Forschung zur Entwicklung beigetragen. Vor allem kam es dadurch zu einer Schwerpunktverlagerung in der Entwicklungspolitik, weg von der Konzentration auf die Steigerung materieller Güter, wie etwa in Form produzierter Waren (die sich im Bruttoinlandsprodukt oder Bruttosozialprodukt niederschlagen), und hin zu Qualität und Reichtum des menschlichen Lebens, die von verschiedenen Einflüssen abhängen, unter denen die Güterproduktion nur einer von vielen ist. Bei der menschlichen Entwicklung geht es darum, die verschiedenen Hindernisse zu beseitigen, die das Leben der Menschen einschränken und seine Entfaltung stören. Einige Schwerpunkte sind im viel verwendeten «Index der Menschlichen Entwicklung» («human development index», HDI) erfasst, eine Art Flaggschiff dieses Ansatzes, obwohl die menschliche Entwicklung natürlich viel breiter gefächert ist als das, was sich in einem Index wie dem HDI ausdrücken lässt. Die große Bandbreite und Reichweite der Perspektive der menschlichen Entwicklung hat eine Fülle an Literatur hervorgebracht, in der die verschiedenen Aspekte menschlichen Lebens zunehmend berücksichtigt werden.[3]

Dieser Ansatz der menschlichen Entwicklung hat etwas Heiteres, Lebensfrohes, weil er sich mit Fortschritt und Zuwachs befasst. Damit verbunden ist schon immer der Plan, neues Territorium zur Verbesserung des menschlichen Lebens zu gewinnen. Vielleicht ist er aus diesem Grund viel zu zuversichtlich, um sich auf Nachhutgefechte zur Sicherung dessen einzulassen, was geschützt werden muss. In diesem Zusammenhang ist die Vorstellung von der menschlichen Sicherheit von besonderer Bedeutung. Sie liefert die notwendige Ergänzung zur expansionistischen Perspektive der menschlichen Entwicklung, denn sie widmet sich direkt dem, was Versicherungen als «Verlustrisiko» bezeichnen. Aufgrund der Unwägbarkeiten, die unser Überleben oder unsere Sicherheit im täglichen Leben bedrohen, uns Gefahren wie Krankheiten und Epidemien aussetzen, uns abrupt ins wirtschaftliche Elend stürzen oder Männern und Frauen ihrer natürlichen Würde berauben, müssen wir den Blick auf die Risiken einer plötzlichen Not lenken. Die menschliche Sicherheit erfordert nicht nur den Schutz vor diesen Gefahren, sondern auch die Stärkung und Selbstwertsteigerung der Menschen, damit sie mit dem Eintreten und den Auswirkungen dieser Gefahren zurechtkommen und sie bewältigen, wenn möglich sogar verhindern können.

Ich muss jedoch betonen, dass es keinen grundlegenden Widerspruch zwischen der Ausrichtung auf die Sicherheit und dem Ansatz der menschlichen Entwicklung gibt. Aus quantitativer Perspektive kann man auch Schutz und Absicherung als eine Art Zuwachs betrachten, und zwar an Sicherheit und Geborgenheit. Doch die vorsichtige, individuell formulierte Perspektive der menschlichen Sicherheit setzt andere Prioritäten, die man nicht unbedingt in der relativ zuversichtlichen und vorwärts gerichteten Literatur zur menschlichen Entwicklung findet. Eine etwas weniger auf Konfrontation ausgerichtete Betrachtung dieser Verbindung ergibt sich vielleicht aus dem Vorschlag, die Perspektive der menschlichen Entwicklung zu erweitern und die Bedenken hinsichtlich der Unsicherheiten im Leben einzuschließen, zusätzlich zur Steigerung der Fähigkeiten und Möglichkeiten in unserem Leben.

Die Gesellschaft sendet tatsächlich kryptische Signale der Ursachen von Gewalt, wie Nadine Gordimer schreibt, und auch Signale der menschlichen Unsicherheiten anderer Art. Ich werde mich in diesem Essay hauptsächlich mit der Unsicherheit im Zusammenhang mit Gewalt beschäftigen, allerdings lässt sich die Verbindung zu anderen Quellen der Unsicherheit nicht ignorieren, wenn man das Auftreten und die Auswirkungen von Gewalt verstehen will. Zum großen Thema der Ursachen der aktuellen weltweiten Gewalt gibt es eine Fülle von Theorien – wie das bei Theorien ja häufig der Fall ist. Allerdings erhalten zwei Ansätze deutlich mehr Aufmerksamkeit als die anderen. Der eine Ansatz ist kulturell und gesellschaftlich und konzentriert sich auf Konzepte wie Identität, Tradition und Zivilisation, der andere ist wirtschaftlich und politisch und konzentriert sich auf Armut, Ungleichheit und Entbehrung.

Meine Hauptthese lautet, dass die wirtschaftlichen, sozialen und kulturellen Probleme ernsthafter Integrationsbemühungen bedürfen, was jedoch sowohl von den fatalistischen Theoretikern eines «Kampfes der Kulturen» abgelehnt wird als auch von den konstruktionistischen Theoretikern, die der Versuchung erliegen, die Welt, die sie reformieren wollen, zu stark zu vereinfachen. Ich möchte behaupten, dass es ein Fehler ist, nur nach vorgefertigten Gründen zu suchen, wenn es darum geht, wirtschaftliche Ungerechtigkeit zu beseitigen, die auch solche Menschen beschäftigt, die – aus welchen Gründen auch immer – nicht von der Ungerechtigkeit an sich abgestoßen sind, aber drohende Gewalt hassen oder vor ihr zurückschrecken. Ich hoffe, dass man mir meine mangelnde Eleganz vergibt, wenn ich gleich zu Beginn meines Essays meine Hauptthese verrate. Aber ich fürchte, ich war noch nie sonderlich gut darin, Spannung zu erzeugen, daher wird es Sie vermutlich auch nicht überraschen, wenn ich Ihnen gestehe, dass mich noch nie ein Verlag gebeten hat, mich an einem Kriminalroman zu versuchen.

Kulturtheoretiker neigen dazu, Konflikte im Zusammenhang mit Lebensweisen, religiösen Überzeugungen und gesellschaftlichen Gebräuchen zu betrachten. Diese Sichtweise kann viele verschiedene Theorien hervorbringen, die einen mehr, die anderen weniger durchdacht. Es ist durchaus bemerkenswert, dass die Kulturtheorie, die sich heute weltweit besonderer Popularität erfreut, auch die ist, die am stärksten vereinfacht. Ich meine den Ansatz, globale Gewalt als Folge des sogenannten «Kampfes der Kulturen» («Clash of Civilizations») zu sehen. Dabei werden postulierte Einheiten, die «Zivilisationen» oder «Kulturen» genannt werden, anhand vorwiegend religiöser Konzepte definiert, um anschließend die «islamische Welt» und die «jüdisch-christliche westliche Welt», die «buddhistische Welt» und die «hinduistische Welt» gegeneinander abzugrenzen. Laut dieser Theorie neigen diese Kulturen aufgrund der ihnen innewohnenden Feindseligkeit dazu, sich gegenseitig zu bekämpfen.[4]

Dem Ansatz vom Kampf der Kulturen liegt eine merkwürdig künstliche Sichtweise der Geschichte zugrunde, der zufolge sich die verschiedenen Zivilisationen separat entwickelten, wie Bäume auf verschiedenen Parzellen, mit geringen Überschneidungen und Interaktionen. Und wenn sich diese ungleichen Zivilisationen mit ihrer je unterschiedlichen Herkunft in der globalisierten Welt gegenüberstehen, kommen sie sich ins Gehege, zumindest wird uns das so gesagt – eine Geschichte (tatsächlich eine faszinierende Geschichte), die man unter dem Titel «Hass auf den ersten Blick» zusammenfassen könnte. Diese Darstellung kann wenig anfangen mit der langen Geschichte der Interaktionen und förderlichen Bewegungen über die Grenzen von Ländern und Regionen hinweg, der Ideen und Einflüsse in so vielen Bereichen – in der Literatur, Kunst, Musik, Mathematik, Naturwissenschaft, im Ingenieurwesen, Handel und bei anderen menschlichen Betätigungen. Die Anhänger dieser Zivilisationstheorie liegen nicht völlig falsch mit ihrer Annahme, dass Menschen Fremden, von denen sie wenig wissen, häufig mit Misstrauen begegnen – vermutlich kennen sie nur ein paar seltsame Glaubensvorstellungen und Praktiken, denen «diese Ausländer» angeblich anhängen –, doch ein größeres Wissen über die anderen führt nicht zu mehr Feindseligkeit, sondern zu mehr Verständnis. Die Zivilisationstheorien nähren den ignoranten Argwohn gegenüber «den anderen» mit ihrer aus der Luft gegriffenen Annahme, dass eine Annäherung dieses Misstrauen noch verstärken würde, anstatt es zu zerstreuen.

Abgesehen davon, dass dieser zivilisatorische Ansatz einen Großteil der Weltgeschichte ignoriert, nimmt er auch eine verwirrende Abkürzung, indem er versucht, unser Identitätsgefühl in all seiner Vielfalt und Komplexität als ein singuläres Gefühl der Zugehörigkeit zu definieren, als unsere angebliche Wahrnehmung der Einheit beziehungsweise als Zugehörigkeit zu unserer so genannten Zivilisation. Aufgrund dieser massiven Vereinfachung verwandelt sich die Aufgabe, die verschiedenen Menschen dieser Welt zu verstehen, in eine Betrachtung der unterschiedlichen Zivilisationen: Persönliche Unterschiede scheinen dann nur noch so etwas wie Beigaben oder Parasiten der zivilisatorischen Gegensätze zu sein. Entsprechend wird Gewalt zwischen Personen als Feindseligkeit zwischen verschiedenen Zivilisationen interpretiert, die eine Art allmächtigen Hintergrund zu den vordergründigen menschlichen Beziehungen bilden. Damit ist die zivilisatorische Erklärung von Gewalt – neben ihrer Abhängigkeit von einer imaginären Weltgeschichte – fest mit einem bestimmten «solitaristischen» Ansatz in Hinblick auf die menschliche Identität verknüpft, bei dem Menschen nur einer einzigen Gruppe angehören können, die über ihre Religion oder die Zivilisation definiert ist, in die sie hineingeboren wurden.

Tatsächlich ist ein solitaristischer Ansatz hervorragend geeignet, fast jeden auf der Welt falsch zu verstehen. In unserem normalen Leben betrachten wir uns als Mitglied einer Vielzahl von Gruppen, denen wir gleichzeitig angehören. Ein und dieselbe Person kann, ohne Widersprüche hervorzurufen, südafrikanische Staatsbürgerin asiatischer Herkunft mit indischen Vorfahren sein, sie kann Christin, Sozialistin, Vegetarierin, Jazzmusikerin, Ärztin, Feministin, heterosexuell, Verfechterin von LBGT-Rechten, Jazzfan und überzeugt sein, das Wichtigste in der heutigen Welt sei die Frage, wie man Australien bei der nächsten Cricket-Weltmeisterschaft besiegt. All diese Identitäten können für diese Person von Bedeutung sein; je nach aktuellem Problem und Kontext und den Prioritäten, die sie ihnen gibt, werden sie von den Werten dieser Person oder von sozialen Zwängen beeinflusst. Es gibt keinen Grund zu glauben, dass die zivilisatorische Identität einer Person, wie auch immer sie beschaffen sein mag – religiös, lokal, regional, national oder global –, unweigerlich jede andere Beziehung oder Verbindung dominiert.

Der Ansatz, globale Gewalt unter dem Blickwinkel sich gegenseitig bekämpfender Kulturen zu betrachten, hält einer genaueren Überprüfung nicht stand, weil die Begründung viel zu stark verallgemeinert. Man muss aber auch anerkennen, dass die reduktionistische Kultivierung singulärer Identitäten für einen Großteil dessen verantwortlich ist, was man als «manipuliertes Blutvergießen» bezeichnen könnte. Dieses Blutvergießen basiert auf dem gezielten Schüren und Kultivieren bestimmter Unterschiede und ist nicht als spontanes Resultat eines «natürlichen und unausweichlichen» Konflikts zu sehen. Brandstifter können urplötzlich behaupten, dass wir nicht einfach Jugoslawen, sondern Serben sind («wir können Albaner nicht ausstehen») oder dass wir nicht nur einfach Ruander oder Einwohner Kigalis oder Afrikaner sind, sondern Hutu, die Tutsi als ihre Feinde betrachten. Aus meiner Kindheit in Indien vor der Unabhängigkeit erinnere ich mich an die Zusammenstöße zwischen Hindus und Muslimen in den 1940er-Jahren im Zusammenhang mit der Politik der Teilung Indiens und weiß noch, wie aus ganz normalen Menschen, die sich im Sommer kaum voneinander unterschieden hatten, durch eine rücksichtslose Betonung der Unterschiede im Winter brutale Hindus und böse Muslime wurden. Hunderttausende starben durch die Hand von Menschen, die sich, angestachelt von den Drahtziehern dieses Blutbads, im Namen –

oder für die Sache – derjenigen gegenseitig umbrachten, die sie mit einem Mal als «ihr Volk» betrachteten.

Identitätspolitik kann sehr wirksam mobilisiert werden, um Gewalt in Gang zu setzen.[5] Durch ein breiteres Verständnis für den Reichtum menschlicher Identitäten kann man ihr aber auch wirksam widerstehen. Unsere verschiedenen Zugehörigkeiten mögen uns auf eine bestimmte Art trennen, doch es gibt andere Identitäten, andere Zugehörigkeiten, die sich einer Trennung widersetzen. Ein Hutu, der dafür rekrutiert wird, einen Tutsi zu überfallen, ist auch ein Ruander und ein Afrikaner, vielleicht auch ein Einwohner Kigalis und zweifellos ein menschliches Wesen – Identitäten, die auch ein Tutsi haben kann. Es ist nicht falsch, wenn gesellschaftlich und kulturell verankerte Theorien besagen, man könne die Menschen dazu bringen, sich gegenseitig zu bekämpfen, indem man sie über eine polarisierende Klassifizierung zur Gewalt anstiftet, aber wenn das geschieht, müssen wir nach Erklärungen suchen, warum und wie es dazu kommt und warum diese eine Identität in dem Augenblick so wirkt, als ob sie allein zähle. Der Prozess dieser kultivierten Gewalt darf nicht einfach als unabwendbares Schicksal betrachtet werden.[6]

In einem hervorragenden Aufsatz in ihrem Buch *Writing and Being* zitiert Nadine Gordimer Marcel Proust: «Wir dürfen nie fürchten, zu weit zu gehen, denn die Wahrheit liegt jenseits dessen.»[7] Gordimer schreibt darin über drei große Schriftsteller: Nagib Mahfuz, Chinua Achebe und Amos Oz. Sie stammen aus Ägypten, Nigeria und Israel – Länder, die nicht nur in vielerlei Hinsicht sehr unterschiedlich sind, sondern dazu in manche Konflikte untereinander verstrickt. Gordimer stellt fest: «Diese gegensätzlichen Verbindungen existieren natürlich», weist aber auch darauf hin: «Die drei Autoren arbeiten nicht mit dem Offensichtlichen. Durch Rasse, Land und Religion getrennt, betreten sie auf verschiedenen Wegen unerforschtes Territorium. Sie verfolgen gemeinsam etwas, das nicht in irgendeinem Vertrag anerkannt werden muss. Es ist einfach da.»

Die Schlacht gegen die blutige Illusion einer schicksalshaften Bestimmung verlangt Klarheit. Ein besseres Verständnis entsteht nicht nur durch die Darstellung einsichtsreicher Autoren, sondern auch auf alltägliche Art und Weise im Denken ganz normaler Menschen. Dieses Verständnis wollen die Brandstifter zerstören, und hier kann uns die starke Stimme derjenigen, die über mehr Weitblick verfügen, eine Entschlossenheit vermitteln, die uns selbst möglicherweise schwerfällt. Als Mahatma Gandhi bei den Ausschreitungen während der indischen Teilung unbewaffnet und völlig ungeschützt durch die von Gewalt zerrissenen Bezirke zog, vermittelte er nicht nur vielen neue Ideen, sondern half auch jenen, die ähnliche Ideen, in einer vielleicht etwas vageren Form hatten, aber nicht den Mut oder die trotzige Zuversicht aufbrachten, die ihnen Gandhi vor Augen führte.

Doch es geht nicht nur darum, die Behauptung zu widerlegen, das angebliche Aufeinanderprallen der Zivilisationen, Religionen oder Gemeinschaften sei ein natürlicher Vorgang. Wir sollten uns auch bewusst sein, dass es – egal wie folgenschwer die religiösen Unterschiede im Kontext bestimmter Kriege von heute erscheinen mögen – auch noch andere Spaltungen gibt, die Potential für Zwietracht und Massaker bergen. Die auf der solitaristischen Identität gründende Gewalt hat eine große Vielfalt und Reichweite aufzubieten. Tatsächlich ist man in der aktuellen Weltpolitik derzeit so sehr auf Religion und die Zugehörigkeit zu anderen sogenannten Zivilisationen (die überwiegend auf religiösen Unterschieden basieren) fixiert, dass man gern vergisst, dass in der Vergangenheit – die noch gar nicht allzu lange her ist – auch andere Identitätsspaltungen genutzt wurden, um ganz unterschiedliche Formen von Gewalt und Krieg zu erzeugen und Millionen in den Tod zu treiben.

So spielten etwa Appelle an die Vaterlandsliebe und Nationalität eine große Rolle im Ersten Weltkrieg, einem der blutigsten Kriege in Europa. Der gemeinsame christliche Hintergrund hielt Deutsche, Briten und Franzosen nicht davon ab, sich in den Jahren 1914 bis 1918 gegenseitig abzuschlachten. Die damals vertretene Identität war der Nationalismus mitsamt dem ungeheuren patriotischen Eifer, den er hervorrief. Bevor der junge englische Dichter Wilfred Owen auf dem Schlachtfeld sein Leben ließ, hatte er noch Zeit, seinen eigenen Protest gegen die Werte niederzuschreiben, die die blutigen Schlachten durch die Identifizierung mit Nation und Vaterland glorifizierten:

Mein Freund, erzähle nicht mit so großer Lust
Kindern, die nach verzweifeltem Ruhmesglanz dürsten,
Die alte Lüge: *Dulce et decorum est*
Pro patria mori.

Horaz' klangvolle Begeisterung für den ehrenvollen Tod für (oder angeblich für) das eigene Land kann man als Befürwortung der Gewalt des Nationalismus verstehen, und gegen diese Aufforderung richtete sich Owens leidenschaftlicher Protest.

Die Europäer von heute können Owens tiefe Enttäuschung und seinen Protest vermutlich nicht mehr so leicht nachvollziehen. Das Wissen um das, was im Ersten Weltkrieg und auch im Zweiten «jenseits» des «zu weit» lag, ist heute in Europa weit verbreitet. Deutsche, Franzosen und Briten kommen heute in Frieden und Gelassenheit zusammen und überlegen, was sie mit ihrem Kontinent anfangen sollen, ohne zur Waffe zu greifen.

Eine vergleichbare Verwundbarkeit wie in Europa Anfang des 20. Jahrhunderts zeigt sich in vielen anderen Identitäten von heute, die auf der einen Ebene wie ein unaufhaltsamer Marsch in Richtung Gewalt wirken, basierend auf einem einzigartigen Anspruch auf Bedeutung, auf einer anderen – weiter gefassten – Ebene jedoch womöglich nichts anderes sind als ein künstlich erzeugtes Bekenntnis, das man zurückweisen und durch viele andere wichtige Verbundenheiten und die Solidarität mit verschiedenen Identitäten ersetzen kann, darunter – selbstverständlich – auch die große Gemeinsamkeit unseres Menschseins.

Ich möchte nun die kulturellen Ansätze für einen Moment beiseitelassen. Denn was ist mit dem anderen Ansatz, dem der politischen Ökonomie? Dieser Gedankengang sieht Armut und Ungleichheit als Ursache der Gewalt. Man kann durchaus nachvollziehen, dass Ungerechtigkeit und

Ungleichheit zu Unduldsamkeit führen und dass Armut Wut und Verbitterung hervorruft. Die Verbindung zwischen Armut und Gewalt wirkt sehr plausibel. So haben viele Länder gleichzeitig wirtschaftliche Not und politische Unruhen erlebt und erleben sie weiterhin. Von Afghanistan über den Sudan bis zu Somalia und Haiti gibt es zahlreiche Beispiele für das gleichzeitige Auftreten von Elend und Gewalt, das Menschen in allen Teilen der Welt erleiden müssen. Angesichts dieser Koinzidenz liegt die Frage nahe, ob Armut nicht doppelt tötet – zuerst durch wirtschaftliche Not und dann durch politische Schlächtereien.

Armut kann Menschen in die Empörung und Verzweiflung treiben, und das Gefühl der Ungerechtigkeit ist ein Nährboden für eine Rebellion – auch für eine blutige Rebellion. Häufig stößt man auf den Gedanken, eine aufgeklärte Haltung gegenüber Krieg und Frieden müsse über die offensichtlichen und unmittelbaren Aspekte hinausgehen und nach den «tieferen» Gründen forschen. Auf der Suche nach diesen Gründen ist die Aufmerksamkeit für die Ökonomie der Entbehrung und Ungleichheit durchaus nachvollziehbar. Die Ansicht, dass die Wurzeln von Unzufriedenheit und Unordnung in der wirtschaftlichen Not zu suchen sind, ist daher zu Recht weit verbreitet unter den Sozialwissenschaftlern, die versuchen, über das Naheliegende und Offensichtliche hinauszublicken.

Die These einer direkten Verbindung zwischen Armut und Gewalt hat noch einen weiteren Reiz: Sie wirkt wie eine nützliche Waffe im Kampf gegen Armut. Wer sich dafür einsetzt, die Armut in der Welt zu beseitigen, ist verständlicherweise versucht, auf die offensichtliche Kausalität von

Gewalt und Armut zu verweisen, um die Unterstützung auch derjenigen zu gewinnen, die sich von der Armut an sich nicht rühren lassen. Tatsächlich gibt es in den letzten Jahren die verstärkte Tendenz, im Kampf gegen die Armut das Argument vorzubringen, dass man so auch politische Zerrissenheit und Unruhen verhindern könne. Dass man die Politik – die internationale wie die nationale – auf diese Grundlage stellen will, ist nachvollziehbar. Sie liefert ein wirkungsvolles politisches Argument, um Staaten dazu zu bewegen, mehr Engagement und mehr Ressourcen für die Bekämpfung der Armut aufzubringen. Der in Aussicht gestellte politische Lohn geht in seiner Wirkung weit über den direkten moralischen Appell hinaus.

Weil eine um sich greifende physische Gewalt offenbar mehr gehasst und gefürchtet wird, vor allem natürlich von den Leuten, denen es gut geht, als die soziale Ungleichheit und Not – selbst extreme Not – der anderen, ist es verführerisch, allen, auch den Wohlhabenden, zu erklären, dass schreckliche Armut erschreckende Gewalt erzeugt. In Anbetracht der Sichtbarkeit der Kriege und Unruhen und der allgemeinen Anspannung ist die indirekte Rechtfertigung für eine Beseitigung der Armut – nicht um ihrer selbst willen, sondern um Frieden und Ruhe zu bewahren – in den letzten Jahren ein dominanter Teil der Rhetorik im Kampf gegen die Armut geworden.

Eine Verbindung gibt es hier gewiss, aber ist es wirklich sinnvoll, bei der Erklärung von Gewalt Armut und Entbehrung als einzigen Faktor heranzuziehen? Die Versuchung ist leicht nachzuvollziehen, doch die simple Erklärung birgt auch ein Problem: Wenn die kausale Verbindung doch nicht so robust ist wie angenommen, beeinträchtigt der ökonomische Reduktionismus nicht nur unser Verständnis der Welt, sondern untergräbt auch die Begründung für den Kampf gegen die Armut. Diesen Einwand darf man nicht vernachlässigen. Armut und massive Ungleichheit sind an sich schon furchtbar und liefern ausreichend Gründe, sie zu beseitigen – selbst wenn es keine indirekten Verbindungen mit weiteren negativen Auswirkungen gibt. So wie Tugend in sich selbst ihr Preis ist, ist Armut in sich selbst die Strafe. Nach einem anderweitigen Grund für den Kampf gegen die Armut zu suchen und ihn in ihren Auswirkungen in Form von Gewalt und Konflikten zu finden, verleiht der Argumentation vielleicht mehr Reichweite, schwächt aber auch die Begründung.

Diese Gefahr zu erkennen heißt jedoch nicht zu leugnen, dass Armut und Ungleichheit weitreichende Auswirkungen auf Konflikte und Kämpfe haben können, doch diese Verbindung muss mit Sorgfalt und empirischer Strenge bestimmt werden. Die Versuchung, sich auf ökonomischen Reduktionismus zu berufen, kann groß und auch durchaus effektiv sein. Schließlich denkt man, man diene damit der guten Sache, und vielleicht ist damit auch die Annehmlichkeit verbunden, den ethisch Abgestumpften einen Schrecken einzujagen, indem man ihnen blutige Gewalt prophezeit, was durchaus befriedigend sein kann, auch wenn wir damit unserer eigenen Schwäche nachgeben. Doch dieses Vorgehen kann der politischen Ethik ernsthaft schaden.

Die simple These einer Verbindung von Armut und Gewalt ist jedoch nicht nur ethisch zweifelhaft, sondern wirft auch erkenntnistheoretische Probleme auf. Die Behauptung, Armut sei für Gruppengewalt verantwortlich, ist empirisch viel zu grob gefasst, weil die Verbindung zwischen Armut und Gewalt bei weitem nicht überall zu beobachten ist und es noch andere soziale Faktoren in Verbindung mit Armut und Gewalt gibt.

Als ich vor kurzem die Lewis Mumford Lecture am City College von New York mit dem Titel «Die Urbanität Kalkuttas» hielt, hatte ich Gelegenheit, über die bemerkenswerte Tatsache zu sprechen, dass Kalkutta nicht nur eine der ärmsten Städte in Indien – und weltweit – ist, sondern auch eine sehr niedrige Kriminalitätsrate hat. Bei den Gewaltverbrechen hat die arme Stadt Kalkutta die niedrigsten Zahlen aller indischen Städte. Die durchschnittliche Mordrate indischer Städte (insgesamt 35 Städte werden in dieser Kategorie erfasst) liegt bei 2,7 Fällen pro 100 000 Einwohner und Jahr – in Delhi bei 2,9. In Kalkutta beträgt die Rate jedoch nur 0,3.[8] Ein ähnlich niedriger Stand wie bei den Gewaltdelikten zeigt sich bei der Gesamtzahl der Straftaten nach dem indischen Strafgesetz. Auch bei Verbrechen gegen Frauen ist die Rate in Kalkutta niedriger als in allen anderen indischen Großstädten.

Kalkutta ist mit Abstand die Stadt mit der niedrigsten Mordrate in ganz Indien. Allerdings weisen indische Städte generell eine auffallend niedrige Zahl von Gewaltdelikten im Vergleich zu anderen Städten weltweit auf und werden nur von viel reicheren und besser situierten Städten wie Hongkong und Singapur übertroffen. Zum Vergleich hier einige Zahlen aus dem Jahr 2005, dem Jahr, für das uns aktuelle Zahlen vorliegen: Paris hat eine Mordrate von 2,3 pro

100 000 Einwohner, London von 2,4, Dhaka von 3,6, New York von 5,0, Buenos Aires von 6,4, Los Angeles von 8,8, Mexico City von 17,0, Johannesburg von 21,5, São Paulo von 24,0 und Rio de Janeiro die erschreckende Rate von 34,9.[9] In Indien fällt nur Patna im geplagten Bundesstaat Bihar mit einer Mordrate von 14,0 in diese Kategorie – die anderen indischen Städte erreichen nicht einmal einen halb so hohen Wert, der Durchschnitt beträgt, wie bereits erwähnt, 2,7. Selbst die für ihre niedrige Verbrechensrate bekannten japanischen Städte haben eine dreimal so hohe Mordrate wie Kalkutta, der Durchschnitt liegt bei 1,0 pro 100 000 Einwohner in Tokio und bei 1,8 in Osaka. Nur Hongkong und Singapur kommen in die Nähe von Kalkutta, aber ihre Rate von 0,5 liegt immer noch um 60 Prozent über der Kalkuttas.

Wenn uns diese Zahl angesichts der Armut in Kalkutta Rätsel aufgibt, steckt dahinter vielleicht nicht unbedingt ein Paradox der Natur, sondern vielmehr unser beschränktes Denken. Gewiss hat Kalkutta noch einen langen Weg vor sich, um die Armut zu beseitigen und seinen Haushalt in Ordnung zu bringen. Man sollte auch bedenken, dass hässliche Aspekte nicht verschwinden, nur weil die Kriminalitätsrate niedrig ist. Und es ist wichtig hervorzuheben, ja sogar freudig zu betonen, dass Armut nicht zwangsläufig Gewalt hervorbringt, unabhängig von politischen Bewegungen sowie sozialen und kulturellen Interaktionen.

Erklärungen für Kriminalität sind kein einfaches Thema und eignen sich nicht für Verallgemeinerungen. Es gab zwar in jüngster Zeit Versuche, Art und Auftreten von Kriminalität in Hinblick auf bestimmte Eigenschaften eines

Gebiets oder Wohnviertels zu verstehen, doch bis zu einem umfassenden Bild ist es noch ein langer Weg.[10] In meiner Mumford Lecture habe ich argumentiert, dass Kalkutta neben anderen Faktoren davon profitiert, dass die Stadt eine lange Geschichte der Durchmischung hat, in den einzelnen Wohnvierteln also anders als in vielen anderen Städten (in Indien wie weltweit) keine scharfe ethnische Trennung besteht. Dazu kommen zahlreiche weitere soziale wie kulturelle Aspekte, die zweifellos relevant sind, um das Verhältnis zwischen Armut und Kriminalität zu verstehen. So sollte man beispielsweise bei einer Betrachtung der Gewaltdelikte in Südafrika nicht die Verbindung zwischen den hohen Fallzahlen und dem Vermächtnis der Apartheid außer Acht lassen. Bei dieser Verbindung geht es nicht nur um das Erbe der Konfrontation zwischen den Ethnien, sondern auch um die furchtbaren Auswirkungen der Apartheidpolitik, etwa um getrennte Wohnviertel oder Familien, die aus ökonomischen Gründen auseinandergerissen wurden. Allerdings wird es nicht leicht sein zu erklären, warum die verspäteten Versuche zur Schaffung gemischter Wohnverhältnisse zunächst einmal den Effekt hatten, dass die Zahl der Verbrechen in den neuen Vierteln in die Höhe schnellte. Vielleicht lässt sich das Vermächtnis der Geschichte doch nicht so einfach überwinden.

Ich fürchte, wir wissen nicht genug über die empirischen Beziehungen, um die Kausalverbindungen mit Genauigkeit und Gewissheit zu bestimmen. Hier ist Demut erforderlich, eine Haltung, zu der die Sozialwissenschaftler gern auffordern, die sich aber selten einstellt. Es scheint jedoch klar, dass die These einer allgemeinen und unmittelbaren

Verbindung zwischen Armut und Gewalt sich nur schwer halten lässt. Das Bild, das hinter dem vermeintlich direkten Zusammenhang zwischen Armut und Gewalt steckt, ist sicherlich deutlich komplexer.

Wenn man genauer betrachten will, wie Gewalt mit Religion, Ethnizität und Gemeinschaft zusammenhängt (eine Richtung, in die uns viele Kulturtheoretiker drängen), muss man auch die Rolle der Politik berücksichtigen. So konzentriert sich beispielsweise die Politik in Kalkutta und Westbengalen, die sich deutlich links der Mitte orientiert (Westbengalen hat weltweit die längste Tradition einer gewählten kommunistischen Regierung, sie ist dort seit 30 Jahren in einem Mehrparteiensystem an der Macht), auf klassenspezifische Benachteiligungen und in jüngster Zeit auch auf geschlechtsspezifische. Dieser andere Blickwinkel, der sich deutlich abhebt vom Fokus auf Religion und religiösen Gemeinschaften, macht es deutlich schwerer, religiöse Unterschiede zu nutzen, um Ausschreitungen gegen Minderheiten zu schüren, die in anderen indischen Städten wie Bombay und Ahmedabad mit großer Brutalität stattfinden. Auch in Kalkutta kam es wie auf dem gesamten Subkontinent im Zusammenhang mit der indischen Teilung zu Gewalttaten zwischen Hindus und Muslimen. Doch seitdem hat es in über vier Jahrzehnten in dieser großen Stadt, anders als in vielen anderen Ballungsräumen Indiens, keine Unruhen mehr gegeben. Tatsächlich haben sich die sektiererische Agenda und die Kultivierung einer Spaltung der Gemeinschaft durch die neuen politischen und sozialen Prioritäten, die heute die Stadt dominieren, ins Gegenteil verkehrt.

Bei dieser politischen Entwicklung hat der Blick auf die

ökonomische Armut und Ungleichheit, wenn überhaupt, eine konstruktive Rolle gespielt, weil er gezeigt hat, dass religiöse Unterschiede nur eine geringe Rolle spielen und die soziale Harmonie nicht zwangsläufig stören. Mit der Anerkennung der vielfältigen menschlichen Identitäten hat die verstärkte Konzentration auf Klassenzugehörigkeit und andere Faktoren der wirtschaftlichen Ungleichheit dafür gesorgt, dass Leidenschaft und Gewalt entlang religiöser Trennlinien in Kalkutta nur schwer zu entfachen sind – das bisher kultivierte Mittel der Spaltung wirkt nun in immer stärkerem Maße seltsam roh und primitiv. Die Minderheiten, hauptsächlich Muslime und Sikhs, empfinden in Kalkutta ein Gefühl der Sicherheit, das ihnen in Bombay, Ahmedabad oder Delhi verwehrt bleibt.

Identitäten haben im Zusammenhang mit einer linksgerichteten Politik und der Klassenzugehörigkeit im indischen Teil Bengalens den Effekt, Gewalt aufgrund religiöser Unterschiede und der Zugehörigkeit zu unterschiedlichen Gemeinschaften stark abzuschwächen. Ein ähnlich konstruktiver Einfluss lässt sich auf der anderen Seite der Grenze, in Bangladesch, beobachten, der jedoch von der Macht der Identitäten in Hinblick auf Sprache, Literatur und Musik herrührt, die Muslime und Hindus nicht in verschiedene – für Feindseligkeiten empfängliche – Lager aufspalten. Daraus lässt sich die allgemeine Botschaft ableiten, dass das Wissen um die Vielzahl unserer Identitäten eine enorme Kraft beim Kampf gegen Hetze und Gewalt entfalten kann, die auf einer einzelnen Identität basieren – insbesondere einer religiösen Identität, die in der unruhigen Welt von heute die dominante Form der kultivierten Singularität darstellt.

Die wirtschaftlichen Verbindungen zwischen Armut und Gewalt sind überaus komplex und lassen sich nur schwer mit der Simplizität des ökonomischen Reduktionismus erfassen. So kann man etwa die gewalttätige Geschichte Afghanistans nicht von der Armut und Not trennen, unter der die Bevölkerung dort leidet, doch wollte man die Ursache der Gewalt allein auf den wirtschaftlichen Aspekt reduzieren, würde man die Rolle der Taliban und die Politik des religiösen Fundamentalismus völlig außer Acht lassen. Ebenso würde man die Rolle des Westens mit seiner militärischen Unterstützung – und Aufstachelung – ignorieren; immerhin haben westliche Regierungen die religiösen Extremisten in Afghanistan gestärkt und als Gegenpol zu den Russen aufgebaut, als die Sowjetunion noch als alleinige «Achse des Bösen» galt. Andererseits wäre es genauso falsch, den Aufstieg des Fundamentalismus und der Gewalt von allen wirtschaftlichen Faktoren zu trennen. Wir müssen versuchen, die verschiedenen Verknüpfungen zu verstehen, die zusammenspielen und gerade im Zusammenspiel so oft tödlich wirken. Um zu erkennen, welche Rolle die wirtschaftlichen Komponenten in der größeren Struktur des interaktiven gesellschaftlichen Rahmens spielen, benötigen wir allerdings eine gewisse investigative Finesse.

Die empirischen Verbindungen zwischen Armut und Gewalt sind mit vielen weiteren Umständen verknüpft. Gewiss herrscht kein Mangel an Belegen für Konflikte und Konfrontationen in Ökonomien, die von Armut und Ungleichheit geprägt sind. Gleichzeitig gibt es andere Ökonomien mit nicht weniger Armut und Ungleichheit, in denen es jedoch keine gravierenden politischen Turbulenzen gibt, obwohl sie tief und unbeweglich in wirtschaftlicher Not verharren. Armut kann mit Ruhe und Frieden einhergehen, und die Kausalkette, die Armut mit Gewalt verknüpft, hat deutliche Lücken. Natürlich kann Armut provozieren und dazu führen, sich gegen etablierte Gesetze und Regeln zu wenden, aber sie veranlasst Menschen nicht zwangsläufig dazu, die Initiative, den Mut und die Fähigkeit aufzubringen, besonders gewalttätig zu handeln.

Tatsächlich kann Elend nicht nur mit wirtschaftlicher Schwäche, sondern auch mit politischer Ohnmacht einhergehen. Die ausgelaugten Opfer sind möglicherweise zu schwach und mutlos, um sich zu wehren und zu kämpfen, mitunter können sie nicht einmal mehr protestieren oder laut werden. Es ist daher nicht überraschend, wenn Not und Ungleichheit von erstaunlicher Ruhe oder gar einer tödlichen Stille begleitet werden. So kommt es etwa bei schweren Hungersnöten selten zu Rebellionen, Kämpfen oder Kriegen. Die Hungersnöte in den 1840er-Jahren in Irland zählen zu den friedlichsten Phasen des 19. Jahrhunderts; die hungernde Bevölkerung begehrte nicht einmal auf, als Schiff auf Schiff den Shannon hinunter segelte, beladen mit Lebensmitteln, die den hungernden Iren genommen wurden, um sie den gut genährten Engländern zu bringen (die Engländer hatten mehr Geld und konnten es sich leisten, Fleisch, Geflügel, Butter und andere Lebensmittel zu kaufen). Dabei stehen die Iren nicht gerade im Ruf, ein besonders duldsames Volk zu sein, und doch waren die Hungerjahre im Großen und Ganzen eine Zeit von Frieden, Recht und Ordnung. Die britische Regierung kam mit ihrer schlimmen Misswirtschaft in Irland ungestraft davon, sie musste sich nicht einmal einem gewalttätigen irischen Mob stellen; die Iren waren zu beschäftigt damit, dem Hungertod zu entgehen, und fanden später Mittel und Wege, das Land zu verlassen. (Dabei hatte der irische Hunger die höchste Sterblichkeitsrate unter all den Hungersnöten, zu denen Daten vorliegen; darüber hinaus verließ ein ähnlich großer Teil der Bevölkerung später das Land, die meisten nach Amerika.) Wie Calgacus, der Führer des Aufstands der Schotten (bzw. Kaledonier), nach dem Bericht des Tacitus die römische Herrschaft über Britannien im ersten Jahrhundert n. Chr. charakterisierte: «Sie schaffen eine Einöde und nennen es Frieden.»

Das heißt jedoch nicht, dass Armut, Hunger und Ungleichheit während der irischen Hungersnöte keine langfristigen Auswirkungen auf die Gewalt in Irland hatten. Tatsächlich bewirkte die Erinnerung an die Ungerechtigkeit und Vernachlässigung eine ernste Entfremdung zwischen Iren und Engländern und trug zu der Gewalt bei, die die anglo-irischen Beziehungen über eineinhalb Jahrhunderte prägte. Wirtschaftliches Elend muss nicht unmittelbar in einen Aufstand münden, aber daraus abzuleiten, dass es keinen Zusammenhang zwischen Armut und Gewalt gibt, wäre falsch. Man sollte hier unbedingt die Entwicklungen über einen längeren, oft sehr langen, Zeitraum betrachten und auch, wie sich Leid, Elend und Misshandlung mit anderen Faktoren mischen, etwa der Heranbildung einer nationalen Identität, mit der sich die Iren von den Engländern abgrenzen wollten. Das Zerrbild, das sich Engländer, betont kränkend, von den Iren machten und das bis zu

Edmund Spensers *Faerie Queene* aus dem 16. Jahrhundert zurückreicht, wurde durch die Erfahrung der Hungersnöte unter britischer Herrschaft in den 1840er-Jahren noch einmal bestätigt. Das ließ tiefe Ressentiments gegen die mächtigeren Nachbarn entstehen, die kaum etwas gegen das Sterben unternommen, sondern in vielerlei Hinsicht sogar dazu beigetragen hatten.

Hier zeigen sich Parallelen zum Nahen und Mittleren Osten. Auch dort finden sich natürlich zahlreiche Faktoren, die zur aktuellen furchtbaren Lage beigetragen haben, darunter die offensichtliche Unfähigkeit der amerikanischen Regierung, bei diesem Thema klar – oder gar human – zu denken. Doch trotz der vielen verschiedenen Einflüsse kann man nur schwer die Erinnerung an das Auftreten der westlichen Mächte während der Kolonialzeit ignorieren, als die neuen Herren eine Nation nach der anderen unterwarfen und die Grenzen zwischen den Ländern in dieser Region mit ihrer uralten Geschichte ganz nach ihrem Gutdünken neu zogen. Dieser Machtmissbrauch zog im 19. Jahrhundert keine größeren Aufstände nach sich, doch das Schweigen der Besiegten – der Frieden derer, auf denen herumgetrampelt wird – heißt nicht, dass sich das Thema erledigt hat oder keine schlimmen Erinnerungen an diese Misshandlungen zurückgeblieben sind. Denken wir an Flora Goforth, die in Tennessee Williams' *The Milk Train Doesn't Stop Here Anymore* sagt: «Das Leben ist Erinnerung außer dem einen gegenwärtigen Moment, der so schnell an dir vorbeizieht, dass du ihn kaum wahrnehmen kannst.» Und so werden auch die neuen Episoden der Demütigung und Zerstörung heute – im Irak, in Palästina und andernorts – nicht so leicht vergessen werden, für eine sehr lange Zeit, wie ich fürchte.

Wenn die starke, aber nicht unmittelbare Verbindung zwischen Armut und Ungerechtigkeit auf der einen und Gewalt auf der anderen Seite über eine gewisse Plausibilität verfügt (was sie meiner Meinung nach tut), dann tragen Vorstellungen von Identität und Kultur zur Bandbreite der Aspekte der politischen Ökonomie bei, anstatt um ein Entweder – Oder zu konkurrieren. Die Anschauungsformen, in deren Umkreis die künstlich heraufbeschworene Gewalt sich fortentwickeln kann, haben ihre eigenen kulturellen und sozialen Unterscheidungen (in Verbindung mit Ethnizität, Nationalität oder einem sozialen Hintergrund), doch die Möglichkeit, Wut zu schüren, lässt sich durch Verbindungen mit der Geschichte wirtschaftlichen und politischen Unrechts noch dramatisch steigern. Selbst die Brutalität der Hutu gegen die Tutsi ließ sich darauf zurückführen, dass die Tutsi früher eine deutlich privilegiertere Position in Ruanda innehatten als die Hutu. Das rechtfertigt das Geschehene in keiner Weise, doch die Existenz dieser Tatsache ist ein Teil der Untersuchung von Gewalt, den wir zur Kenntnis nehmen müssen. Armut und Ungleichheit haben bei der Förderung und Aufrechterhaltung von Gewalt eine Funktion, doch diese Funktion, so meine Haltung, darf nicht in der ausschließlichen Konzentration auf Elend und Entbehrung und isoliert von der Gesellschaft und Kultur betrachtet werden, sondern in einem größeren, umfassenden Rahmen, bei dem Armut und andere Merkmale einer Gesellschaft interagieren.

Ähnlich lässt sich die wilde Bösartigkeit, mit der al-Qaida gegen westliche Ziele vorgeht, nicht mit dem Verweis auf die Geschichte rechtfertigen. Aber weil diejenigen, in deren Namen die Terroristen agieren, in der Vergangenheit Unrecht von den westlichen Kolonialisten erlitten haben, lässt sich die Einladung zur Barbarei deutlich leichter an den Mann bringen. Auch ohne eine ethnische Rechtfertigung kann sich große Kraft entfalten, die die Menschen in blinde Wut treibt. Tatsächlich ist die Toleranz gegenüber dem Terrorismus bei einer ansonsten friedlichen Bevölkerung ein eigentümliches Phänomen in vielen Teilen der heutigen Welt, vor allem in jenen, wo man das Gefühl hat, man sei in der Vergangenheit übel behandelt worden.

Eine ungleiche Verteilung von militärischer Stärke, politischer Macht und Wirtschaftskraft kann ein gewaltiges Erbe der Unzufriedenheit hinterlassen. Das ist auch so, wenn nicht etwa direkter Zwang und brutaler Druck im Spiel sind, z.B. wenn die Ungerechtigkeit auftritt, dass Hunderte Millionen beim globalen wirtschaftlichen und sozialen Fortschritt auf der Strecke bleiben oder Millionen unbehandelt an Krankheiten sterben, die ausgerottet oder effektiv kontrolliert werden könnten, wenn nur die globalen wirtschaftlichen Mechanismen nicht dabei versagen würden, lebensrettende Medikamente für diejenigen zur Verfügung zu stellen, die sie am dringendsten benötigen.

Meine hier vorgestellte Kernthese lautet, dass man sich bei der Analyse von Gewalt ernsthaft bemühen muss, die wirtschaftlichen, sozialen und kulturellen Aspekte zusammenzuführen, eine Aufgabe, die angesichts der fatalistischen

Theoretiker eines Kampfes der Kulturen und der eilfertigen Anwälte des ökonomischen Reduktionismus besonders dringlich erscheint. Kulturelle und soziale Faktoren sowie die politische Ökonomie sind wichtig, um die Gewalt in der heutigen Welt zu verstehen. Doch sie treten nicht isoliert voneinander auf, und wir müssen den verführerischen Abkürzungen widerstehen, die uns vorgaukeln, wir könnten uns mit der Konzentration auf den einen oder anderen Faktor Einblick verschaffen und dabei andere zentrale Merkmale des großen Ganzen ignorieren. Noch wichtiger ist vielleicht zu verstehen, dass die kausal wirkenden Vorstufen der Gewalt keine unverrückbaren Gegebenheiten sind, die sämtlichen menschlichen Bemühungen zur Schaffung einer annehmbaren Gesellschaftsordnung trotzen.[11]

Gleichfalls wichtig ist die häufig vernachlässigte Verbindung zwischen Klarheit und Einsicht auf der einen Seite und der Art und Weise, wie Gesellschaften funktionieren, auf der anderen. Denn was ist mit der politischen Vision, die die südafrikanische Anti-Apartheid-Bewegung unter Führung Nelson Mandelas inspirierte? Eigentlich müsste Südafrika heute von gewalttätigen Racheaktionen gegen die frühere Ordnung heimgesucht werden, die eine der rohesten Formen der Rassentrennung weltweit praktizierte. Und wenn es nicht die Akzeptanz des «gemeinsamen Strebens» gäbe, «das nicht in irgendeinem Vertrag anerkannt werden muss», wie es Nadine Gordimer bezeichnet hat (und das in Indien vor allem unter der Führung Mahatma Gandhis zum Tragen kam), könnte man sich nur schwer ein multireligiöses Indien vorstellen, das sich heute so radikal von dem von Unruhen heimgesuchten Land in den 1940er-Jahren unterscheidet, und man könnte nicht erwarten, dass ein Staat, in dem Hindus über 80 Prozent der Bevölkerung stellen, ein demokratisches politisches System hat, das dazu führt, dass das Land einen Sikh als Premierminister und einen Christen als Anführer der Regierungspartei hat (und bis vor kurzem auch einen muslimischen Präsidenten), die die politischen Geschicke des Landes lenken, ohne irgendwie fehl am Platz zu wirken.

Ähnlich ebnete die Barbarei der Weltkriege im frühen 20. Jahrhundert den Weg für die Art gesellschaftlicher Analysen, die schließlich in der zweiten Hälfte des Jahrhunderts zum Abebben der nationalen Konflikte innerhalb Europas führten; eine Entwicklung, die man sich in den Schützengräben und auf den Schlachtfeldern in den dunklen Tagen von 1914 bis 1918 kaum vorstellen konnte.

Es ist nicht sonderlich bemerkenswert, dass Trennlinien genutzt werden können, um Gewalt zu erzeugen, die durch die Kopplung wirtschaftlicher und sozialer Ungleichheit mit ethnischen und kulturellen Unterschieden manchmal noch verstärkt wird. Es ist auch nicht wirklich überraschend, dass diese Trennlinien des Denkens mit klarem Weitblick und Verständnis überwunden werden können. Was aber geradezu umwerfend ist: dass das, was zur einen Zeit jenseits des Erreichbaren zu liegen scheint, zu einer anderen Zeit ganz gewöhnlich und fast alltäglich wirken kann. Gerade in den Momenten, in denen sich Niedergeschlagenheit breitmacht angesichts der unsicheren Lage der Menschen in unserer heutigen Welt, mag diese Erkenntnis von ganz besonderem Wert sein.

6

FÜR JEDEN WOCHENTAG
EIN WUNSCH

Als Gast des Jaipur Festivals war ich selbstverständlich nervös wegen meiner Eröffnungsansprache vor einem so illustren Publikum. Vor rund 10 Tagen las ich jedoch in einer Zeitung, oder genauer gesagt in allen indischen Zeitungen, dass Indien inzwischen zum Elite-Club der Welt gehört. Die *Times of India* titelte: «GSLV-DV erfolgreich gestartet, Indien Mitglied im Elite-Club». Als Bürger Indiens fiel alle Angst von mir ab, mein Land könnte es nicht in diesen Club schaffen. Mein Problem war bloß, dass ich nicht wusste, was GSLV-DV genau ist oder tut. Nach einigem Herumsuchen fand ich schließlich heraus, dass GSLV-DV ein Trägersystem ist und deswegen so berühmt, weil sich darauf ein GSAT-14-Kommunikationssatellit befindet. Genau das, was ich brauchte. Und so beschloss ich, mich mithilfe des GSAT-14-Kommunikationssatelliten hoch hinauf und weit über meinen Platz im Leben zu schwingen.

Hoch über den Wolken begegnete ich einer eindrucksvollen Gestalt, die sich als Göttin der Mittelgroßen Träume[1] vorstellte. «Donnerwetter», sagte ich. «Für eine Mittelgroße

Göttin sehen Sie wirklich eindrucksvoll aus.» «Da solltest du erst mal die Göttin der *Großen* Träume sehen», erwiderte sie. «Könnten Sie mich vielleicht mit ihr bekannt machen?», fragte ich und hakte nach: «Sind Sie denn auch wirklich eine Göttin?» «Aber selbstverständlich», gab sie entschieden zurück. «Ich bin, wie ich schon sagte, die Göttin der Mittelgroßen Träume. Aus Förmlichkeiten mache ich mir aber nicht besonders viel, du kannst einfach GMT zu mir sagen – das ist nämlich mein Spitzname.» «Hat GMT nicht irgendwas mit Zeit zu tun?», erkundigte ich mich. «Richtig. Ich kann dir die korrekte Zeit nennen, eine meiner Spezialitäten, aber, noch wichtiger, ich kann dir einen Wunsch – und sogar mehr als einen – für dein Land erfüllen.» «Oh, das ist ja wunderbar», freute ich mich. «Habe ich dann sieben Wünsche für mein Land frei – einen für jeden Wochentag? Und könnten wir bitte gleich anfangen?»

«Kein Problem», sagte GMT, «aber warum hast du's denn so eilig?» Ich erklärte: «Ich bin zum Jaipur Literature Festival eingeladen. Sie haben doch bestimmt von diesem berühmten Festival gehört, Göttin?» «Schon», sagte sie. «Inzwischen ist es allerdings so groß, dass es eigentlich zum Aufgabengebiet der Göttin der Großen Träume gehört. Aber ich will sehen, was ich tun kann, also bitte einen mittelgroßen Wunsch zur Literatur.»

Ich sprudelte los: «Die klassische Bildung, Sprachen, Literatur, Musik und die Künste insgesamt, werden in Indien sehr vernachlässigt. Kaum noch jemand lernt und studiert Sanskrit. Oder Alt-Persisch, Latein, Griechisch, Arabisch, Hebräisch und Alt-Tamil. Für eine breite Bildung benötigen wir die klassischen Fächer. Die indische Gesellschaft ist zunehmend wirtschaftlich ausgerichtet, und der humanistische Bildungskanon spielt kaum noch eine Rolle. Das ist doch mit Sicherheit ein Problem, finden Sie nicht, Göttin?» «Na ja», sagte sie, «also Rabindranath Tagore in deiner Heimatstadt Santiniketan hat sich ständig beschwert, dass die naturwissenschaftliche Bildung vernachlässigt werde. Wie kannst du da plötzlich das Gegenteil behaupten?» «Das war früher, gnädige Frau, und jetzt ist jetzt. Damals hatte Rabindranath recht, aber heute studieren die guten Schüler überall in Indien Natur- und Ingenieurwissenschaften und haben nur noch Verachtung für die Geisteswissenschaften übrig.»

«Geisteswissenschaften und humanistische Fächer sollen also wieder eine größere Rolle im indischen Bildungssystem spielen?» vergewisserte sich die Göttin. «Irgendwie so was, ja», sagte ich. «Was soll das denn heißen ‹irgendwie so was›!», schnaubte GMT. «Du musst schon genauer wissen, was du willst.» «Genauer? Meinen Sie damit präzise Zahlen, liebe Göttin?», fragte ich. «Nein», sagte sie. «Du begehst gerade den klassischen Fehler anzunehmen, dass eine genaue Aussage präzise Größenangaben bedingt. Eine gute Aussage über ein inhärent ungenaues Anliegen – und die meisten wichtigen Anliegen in der Welt sind ungenau – muss genau diese Ungenauigkeit *wiedergeben* und sie nicht durch eine präzise Aussage über etwas anderes ersetzen. Du solltest lernen, wie man sich in verständlicher Weise zu Vorstellungen äußert, die notwendigerweise ungenau sind (wie es vor mehr zweitausend Jahren ein Mann namens Aristoteles ausdrückte). Und exakt aus diesem Grund sind Geisteswissenschaften auch so wichtig. Ein Roman kann auf eine Wahrheit hinweisen, ohne dafür Zahlen und Formeln zu bemühen. Nun gut, dann lass mal deinen zweiten Wunsch hören.»

«Darf es auch ein politischer Wunsch sein?», fragte ich. GMT wirkte nicht überrascht: «Ich glaube, ich weiß schon, was jetzt kommt, ich kenne deine linken Ansichten – du stehst doch in Indien eher links von der Mitte oder?» «Ihnen entgeht aber auch nichts, Göttin», erwiderte ich. «Das stimmt. Mein großer politischer Wunsch besteht jedoch in einer starken und vitalen rechts stehenden, säkularen Partei.» «Und warum?», fragte die Göttin leicht perplex. «Eine eindeutig für den Markt und die Wirtschaft stehende Partei könnte eine wichtige Rolle spielen», erklärte ich. «Eine Partei ohne religiös orientierte Politik, eine Partei, die nicht eine bestimmte religiöse Gemeinschaft einer anderen vorzieht.» GMT sagte: «Aber genau so eine Partei hat es in Indien doch mal gegeben, mit lauter klugen Köpfen, nicht wahr?» «Ja, Göttin», erwiderte ich, «die gab es, sie hieß Swatantra-Partei, und ihr Führer war Minoo Masani, ein ganz besonders heller Kopf, aber diese Partei besteht nicht mehr. Genau so eine Partei bräuchten wir jetzt wieder.» «Ich erinnere mich», sagte GMT, «dieser Minoo Masani – hat er denn tatsächlich eine Politik bevorzugt, die sich nicht an bestimmte religiöse Gemeinschaften richtet, und an die ‹Brüderlichkeit› aller Menschen geglaubt – was die französischen Revolutionäre damals ‹fraternité› nannten? Und hat er nicht auch in einer Rede etwas wenig Schmeichelhaftes über Brüderlichkeit gesagt?» «Das stimmt», sagte ich, «er war standhaft säkular und hielt die Brüderlichkeit für eine große Tugend. Aber 1946 äußerte er etwas leichtfertig, dass er zwar Brüderlichkeit über alles schätze, das Wort jedoch, nachdem es in der Französischen Revolution so missbraucht worden sei, nicht mehr benutze. Und auf der verfassungsgebenden Versammlung erklärte er am 17. Dezember 1946: ‹Wenn ich meinen Bruder vorstelle, bezeichne ich ihn als meinen Cousin›.»

«Das wäre also deine bevorzugte Partei?», fragte die Göttin. «Nein, auf keinen Fall», sagte ich. «Ich wünsche mir aber eine Partei, die indischen Wählern die Möglichkeit eröffnet, sich für eine säkulare, wirtschaftsorientierte Ausrichtung zu entscheiden. Das wäre gut für die indische Politik insgesamt. Unterstützung für eine rechts orientierte Partei sollte nicht zwingend mit religiöser Politik einhergehen.»

«Okay», sagte GMT, «aber kannst du dich bitte etwas kürzer fassen, wir haben nicht viel Zeit. Du redest hier ja nur mit mir und nicht auf dem Jaipur Literature Festival. Wie lautet dein dritter Wunsch?» «Ich wünsche mir, dass die links orientierten Parteien stärker und zugleich hellsichtiger werden und die Not der wirklich Armen und Unterdrückten in Indien zu ihrem Thema machen.»

«Hat für diese Parteien denn nicht der Kampf gegen den amerikanischen Imperialismus absolute Priorität?», fragte GMT und fuhr fort: «Die Sowjetunion besteht nicht mehr, die Chinesen ziehen ökonomisch an Amerika vorbei, Lateinamerika und Vietnam verzeichnen gewaltige ökonomische und soziale Fortschritte. Die indische Linke ist damit die einzige politische Gruppe, die noch aktiv den amerikanischen Imperialismus bekämpft. Sie hat diesem Anliegen eine geradezu philosophisch fundierte Priorität eingeräumt und mittels diverser strategischer Manöver inzwischen die Anzahl ihrer Sitze im Parlament um die Hälfte reduziert. Ich kann ihr nicht einfach größere politische Durchschlagskraft verleihen, solange sie selbst das nicht will.»

«Ich hoffe, sie will es», sagte ich. «Die Linke sollte sich darauf konzentrieren, die entsetzliche Not der wirklich Armen in Indien zu lindern, statt längst überholten Vorstellungen vom Imperialismus nachzuhängen oder sich gar anderen politischen Parteien anzuschließen, die mehr Annehmlichkeiten für die Mittelschicht fordern.» «Schon wieder ein Vortrag!» sagte GMT. «Aber ich bin eine geduldige Göttin und habe nichts dagegen, wenn du deinem Ärger über alte Freunde ein bisschen Luft machst. Wie lautet denn dein vierter Wunsch?»

«Ich möchte, dass die Medien den Bedürfnissen der Armen mehr Beachtung schenken statt nur über die Glitzerwelt der Unterhaltungsindustrie und hochkarätige Superdeals zu berichten. Die Zeitungen haben ja Recht, wenn sie murren, dass Subventionen ökonomische Ressourcen verschwenden. Andererseits kehrt die Presse Subventionen für Wohlhabende gern unter den Teppich, während sie Beihilfen für Arbeitslose und Hungrige in der Luft zerfetzt. Die neuesten Daten sehen so aus: Die Subvention von Nahrungsmitteln macht 0,85 Prozent des Bruttoinlandsprodukts (BIP) und Maßnahmen zur Beschäftigungssicherung (NREGA, National Rural Employment Guarantee Act) 0,29 Prozent. Subventionen im Bereich Energie, also für diejenigen mit Zugang zum Stromnetz, betragen dagegen mehr als 1 Prozent des BIP, womöglich sogar beinahe 2 Prozent, und dazu kommen noch 0,66 Prozent des BIP für die Subventionierung von Dünger und 0,97 Prozent für Mineralölprodukte und Gas. Demnach beträgt die Summe der scharf kritisierten Subventionen für Nahrungsmittel und Beschäftigungsmaßnahmen für die Armen 1,14 Prozent des BIP. Die Kosten für subventionierte Elektrizität, Kraftstoffe und Dünger für Bessergestellte belaufen sich dagegen auf mindestens 2,63 Prozent des BIP, möglicherweise eher 3,63 Prozent – rund dreimal so viel, wie den Armen für Ernährung und Arbeitsbeschaffungsmaßnahmen zugestanden wird.

Seit die Regierung nur noch erbärmliche 1,2 Prozent des BIP für die Gesundheitsversorgung ausgibt, während China beinahe 3 Prozent dafür aufwendet, ist die Gesamtsumme der Ausgaben für Gesundheit (in jeder Form), Nahrungsmittel und Beschäftigungsmaßnahmen viel geringer als die Ausgaben für Energie, Diesel, Gas, Dünger usw. für die relativ Wohlhabenden – und viel Sichtbareren.

Es ist wirklich ein Trauerspiel, dass sich eine der vitalsten Medienlandschaften der Welt ausschweigt, sobald es um die Bedürfnisse und Notlagen der Ärmsten geht. Ein Drittel der indischen Bevölkerung lebt ohne Anschluss ans Stromnetz. Vor zwei Jahren brach ein Medienwirbel los – und auch durchaus zu Recht –, als rund 600 Millionen Menschen im Juli einen Tag lang keinen Strom hatten aufgrund eines fürchterlichen Pfuschs der Verwaltung. Unerwähnt blieb dabei allerdings, dass 200 dieser 600 Millionen im permanenten Stromausfall leben, weil sie überhaupt nicht an das Netz angeschlossen sind.»

«Schon gut, schon gut», sagte die Göttin, «nächster Punkt.» «Mein fünfter Wunsch betrifft den chronischen

Mangel, und da ich mich seit Jahrzehnten mit diesem Thema beschäftige, fällt mir dazu einiges ein: Jedes Kind muss die Möglichkeit haben, eine gute Schule zu besuchen; für jeden Einzelnen muss es medizinische Versorgung geben, Vorsorge eingeschlossen; Frauen dürfen nicht sozial benachteiligt werden; in unserem Land darf es nicht so viele unterernährte Kinder geben (und schon gar nicht die am ärgsten unterernährten Kinder weltweit); jedes Kind muss umfassend geimpft werden (was heute bei einem Drittel der Kinder nicht der Fall ist), jeder sollte ein Zuhause mit einer Toilette haben (und nicht die Hälfte der Bevölkerung auf der Straße defäkieren, obwohl Indien doch gerade Mitglied des Elite-Clubs geworden ist); und insgesamt sollte es ein leistungsfähiges höheres Bildungswesen geben und eine nachhaltige Umweltpolitik.» GMT sagte: «Na, das sind ja ziemlich viele verschiedene Dinge für einen einzigen Wunsch. Aber ich will nicht kleingeistig sein, ich habe schließlich ein mittelgroßes Herz.

Wenn deine Landsleute die Mittel, die ökonomisches Wachstum hervorbringt, intelligenter nutzen würden, sollte die Erfüllung deines Wunsches keine Probleme bereiten. Dieser Prozess wirkt nämlich in beide Richtungen: Bessere Ausbildungsbedingungen führen zu verbesserten Fähigkeiten, die ihrerseits wiederum langfristig für ökonomisches Wachstum sorgen, denn letztlich ist eine gesunde, gut ausgebildete erwerbstätige Bevölkerung der Motor des Wachstums (frag nur mal die Chinesen, Japaner, Koreaner und andere Asiaten, die werden es bestätigen). Diese wichtigste Lehre aus der Entwicklung des ostasiatischen Raums hat Indien verschlafen.»

«Da sind wir ja einer Meinung, liebe Göttin», sagte ich, «und deswegen würde ich gern noch einen Wunsch äußern, der einen Punkt der indischen Rechtsprechung betrifft: Vor einiger Zeit wurde Homosexualität von neuem unter Strafe gestellt. Im Jahr 1861 hatte die britische Kolonialgesetzgebung Homosexualität als Verbrechen eingestuft und viele Menschen der Gefahr der Erpressung durch die Polizei und der Bestrafung ausgesetzt. Der High Court Delhi hob den Paragraph 377 des Strafgesetzbuches auf, weil er gegen das von der Verfassung festgeschriebene Recht auf Gleichberechtigung verstieß. Dann jedoch setzte der Supreme Court Indiens – repräsentiert durch exakt zwei Richter – den Paragraphen wieder in Kraft und kriminalisierte abermals ein rein privates Verhalten. Kannst du die Aufhebung einer Aufhebung aufheben, liebe Göttin?»

«Mal sehen», erwiderte die Göttin, «wie ich das Oberste Gericht dazu bewegen kann, noch mal darüber nachzudenken – vielleicht hören sie eher auf die Stimme des indischen Volkes als auf die Bitte einer Göttin hoch über den Wolken?»[2]

«Aber lass uns weitermachen», fuhr GMT fort, «wenn du wirklich noch einen Wunsch hast.» «Darf ich? Ich wünsche mir, dass wir in Indien unsere Stärke erkennen, die in unserem Land selbst und in den Möglichkeiten der indischen Demokratie liegt; in letzter Zeit hat die Aam Aadmi-Partei (‹Partei des einfachen Mannes›) es verstanden, diese Möglichkeiten sehr geschickt zu nutzen (obwohl sie wirklich noch mal überlegen sollte, worin genau ihr Parteiprogramm besteht). Die Korruption ist in unserem Land weit verbreitet, aber die Frage, wie eine langfristige Lösung in

einer Demokratie aussehen sollte, war eines der Haupt-
themen im Wahlkampf und erfordert eine Reihe von Ver-
waltungsreformen. Wir haben jedoch schon vieles erreicht,
und es trifft nicht zu, dass lediglich die Business-Com-
munities aktiv sind, während der Staat nichts bewirkt, wie
viele ständig wiederholen. Indien war bis zum Ende der
Kolonialzeit ein Land der Hungersnöte, seit der Unabhängigkeit gab es jedoch keine vergleichbar schlimme Hungersnot mehr. Vor einigen Jahren wurde noch angenommen,
Indien könne besonders heftig von einer Aids-Epidemie
betroffen werden, doch dank der Öffentlichkeit, der Auf-
klärung und Aufmerksamkeit, die dem Thema gewidmet
wurde, gelang es, diese Bedrohung abzuwenden. Seit die
Bekämpfung von Polio ganz oben auf der politischen Ta-
gesordnung steht, hat sich viel getan, und mittlerweile gibt
es in Indien keine Polio-Fälle mehr. Im Herbst 2013 be-
drohten Zyklone aus der Bengalischen Bucht, weitaus hef-
tiger als ‹Katrina› in den USA, das Land, aber die Regierung
evakuierte rechtzeitig eine Million Küstenbewohner, und
die erwartete Katastrophe blieb aus. Indiens soziale Errungenschaften mögen gering sein, doch überall dort, wo
ernsthafte Anstrengungen unternommen wurden – in
Kerala, Tamil Nadu und Himachal Pradesh –, haben sich
Bildung und Gesundheitsversorgung verbessert, und infol-
gedessen wächst die Wirtschaft. Diese Bundesstaaten, die
vorher zu den ärmsten gehörten, zählen inzwischen zu den
wohlhabendsten. Wir können Veränderungen bewirken,
wenn wir fest dazu entschlossen sind.»

«Oder die Frage der Gleichberechtigung», fuhr ich fort.
«Zurzeit wird viel über Vergewaltigungen gesprochen, und

das ist an und für sich bereits ein Fortschritt. Trotzdem fehlt es noch an Erkenntnissen. Die offizielle Fallzahl ist niedrig (1,8 pro 100 000 Einwohner und Jahr, verglichen mit 27 pro 100 000 in den USA und 29 in Großbritannien). Hier liegt mit Sicherheit eine gewaltige Fehleinschätzung vor, besonders wenn die Opfer aus den unteren, weniger privilegierten Schichten stammen. Aber selbst wenn man diese Zahl um das Zehnfache erhöhte, wäre die Zahl der Vergewaltigungen in Indien nach wie vor niedriger als in Großbritannien oder in den USA und den meisten anderen Ländern weltweit. Indiens Hauptproblem ist nicht in die hohe Fallzahl, sondern die Schwierigkeit, die Polizei zum Eingreifen zu bewegen und zur Hilfe für die Opfer. Und was die Gesellschaft angeht, so muss sie ihre Aufmerksamkeit stärker auf die sexuellen Straftaten gegen schutzlose Frauen richten, besonders wenn sie aus den ärmeren und unteren Klassen und Kasten stammen. Inzwischen sind einige Schritte unternommen worden, und auch gegen den Handel mit Mädchen aus den ärmsten Familien geht man vor. Aber es liegen noch viele Aufgaben vor uns, und wir können sie lösen, wenn wir uns nur ernsthaft dazu entschließen.

Viele Menschen machen sich – völlig zu Recht – große Sorgen über die weit verbreitete selektive Abtreibung weiblicher Föten, die das Verhältnis von weiblichen und männlichen Neugeborenen im Vergleich etwa zu europäischen Staaten deutlich verschlechtert. Dabei entspricht das Verhältnis von weiblichen und männlichen Neugeborenen in beinahe der Hälfte aller indischen Bundesstaaten – tatsächlich in sämtlichen Staaten im Süden und Osten des Landes von Kerala über Tamil Nadu bis zu Westbengalen und Assam – demjenigen in Europa. Das ungünstige Verhältnis insgesamt entsteht durch die niedrige Zahl weiblicher Neugeborener in den nördlichen und westlichen Bundestaaten. So gäbe es viel zu lernen von Indien selbst. Können Sie etwas dafür tun, GMT, dass die indische Bevölkerung nicht so schlecht von sich denkt?»

«Nein, da kann ich leider nichts machen», antwortete die Göttin. «Die indische Bevölkerung muss sich in diesem Punkt schon selbst ändern.» «Oh, das ist aber eine Enttäuschung», gab ich zurück. «Ganz im Gegenteil», entgegnete die Göttin. «Es bedeutet doch, dass ihr diese Probleme aus eigener Kraft lösen könnt – ohne fremde Hilfe. Ihr müsst Probleme erkennen und wissen, wie ihr sie beseitigen könnt.» «Aber auch wenn deutlich wird, worin unsere Probleme bestehen und wie wir sie lösen, wie können wir dieses Wissen teilen und die gesamte indische Bevölkerung dafür interessieren?» «Tja», gab GMT zurück, «die sozialen Medien sind eine Hilfe, und außerdem – sehr wichtig – solltet ihr mehr Bücher lesen.»

«Und», fügte GMT hinzu, «jetzt ist es Zeit für dich, zum Jaipur Festival zu gehen. Ich wünsche dir eine gute Lesung!» Mit einem Mal war die Göttin hinter den Wolken verschwunden, und ich kehrte wieder zu meinem kleinen GSAT-14 zurück, den der weltberühmte GSLV-DV ins All befördert hatte, um stracks zu diesem Festival zu gelangen. Ich freue mich, dass Sie alle hier sind. Vielen Dank!

ANMERKUNGEN

HUNGER

1 M. S. Swaminathan, «Bridging the Nutritional Divide: Building Community Centred Nutrition Security Systems», in: *The Little Magazine: Hunger,* Bd. II, Heft 6 (2001).

2 Siehe dazu R. Osmani, «Hunger in South Asia: A Study in Contradiction», und Peter Svedberg, «Hunger in India: Facts and Challenges», beide in: *The Little Magazine: Hunger* (2001). Siehe auch Peter Svedberg, *Poverty and Undernutrition: Theory, Measurement and Policy,* Oxford 2000.

3 Mit der unzulänglichen öffentlichen Diskussion in Hinblick auf die fehlerhafte staatliche Politik befassen sich Jean Drèze und ich in unserem gemeinsamen Buch: Jean Drèze und Amartya Sen, *India: Economic Development and Social Opportunity,* New Delhi 1995. Siehe auch die nachfolgende Monografie *India: Development and Participation,* New Delhi 2002.

4 Die Grundlagen diskutiere ich in: *Poverty and Famines: An Essay on Entitlement and Deprivation,* Oxford 1981.

5 Osmani, «Hunger in South Asia». Siehe auch ders., «Poverty and Nutrition in South Asia», First Abraham Horowitz Lecture, United Nations ACC/SNN, vervielfältigt 1997.

6 V. Ramalingaswami, U. Jonsson und J. Rohde, «The Asian Enigma», in *The Progress of Nations 1996,* New York: UNICEF, 1996.)

7 Siehe vor allem D. J. P. Barker, «Intrauterine Growth Retardation and Adult Disease», in: *Current Obstetrics and Gynaecology,* Bd. 3; «Foetal Origins of Coronary Heart Disease», in: *British Medical Journal,* Bd. 311 (1995); und *Mothers, Babies and Diseases in Later Life,* London 1998. Siehe auch N. S. Scrimshaw, «Nutrition and Health from Womb to Tomb», in: *Nutrition Today,* Bd. 31 (1996).

8 Die folgende Diskussion stützt sich auf meinen Vortrag, «Class in India», den ich am 13. November 2001 im Rahmen der alljährlichen Nehru Lectures hielt. Siehe Amartya Sen, «Class in India», in: *The Argumentative Indian: Writings on Indian History, Culture and Identity,* London 2005.

9 M. S. Swaminathan, «Using the Food Mountain», in: *The Hindu,* 10. November 2001; siehe auch den Leitartikel «Resolving the Food Riddle» in derselben Ausgabe.

2
ÜBER FREIHEIT SPRECHEN

1 Dazu mehr in meiner Abhandlung «Democracy as a Universal Value», *The Journal of Democracy,* Band 10, Ausgabe 3 (1999), Seite 3–17.

2 *Ökonomie für den Menschen. Wege zu Gerechtigkeit und Solidarität in der Gesellschaft,* Amartya Sen, übers. v. Christina Goldmann, 2002, dtv München.

3
TAGESLICHT UND ANDERE ÄNGSTE

1 Siehe Peter Svedberg, «Hunger in India: Facts and Challenges», *The Little Magazine: Hunger,* Bd. II, Heft 6 (November/Dezember 2001).

2 *Public Report on Basic Education in India* (New Delhi: Oxford University Press, 1999).

3 Der erste Bildungsbericht des Pratichi Trust, den ich mithilfe meines Nobelpreisgeldes ins Leben rufen konnte, zeigt, wie überwältigend groß das Interesse der Eltern in der untersuchten, zum größten Teil in Westbengalen liegenden Region ist, ihre Kinder – auch die Mädchen – zur Schule zu schicken: siehe *Pratichi Education Report I: The Delivery of Primary Education. A Study in West Bengal* (Delhi: TLM Books, 2002).

4 Zu diesem und verwandten Themen siehe Jean Dreze und Amartya Sen, *India: Development and Participation* (New Delhi: Oxford University Press, 2002).

5 Salma Sobhan, *Legal Status of Women in Bangladesh* (Dhaka: Bangladesh Institute of Legal and International Affairs, 1978).

6 Dies wird erörtert in meinen Essays «Gender and Cooperative Conflict», in Irene Tinker (Hg.), *Persistent Inequalities: Women and World Development* (Oxford University Press, 1990), und «Missing Women», *British Medical Journal* 304 (März 1992).

7 Siehe Mamta Murthi, Anne-Catherine Guio und Jean Dreze, «Mortality, Fertility and Gender Bias in India», *Population and Development Review* 21 (1995), sowie Jean Dreze und Mamta Murthi, «Fertility, Education and Development: Evidence from India», *Population and Development Review* 27 (2001).

8 Ich habe dieses Problem in meinem Essay «The Smallness Thrust upon Us» in *The Country of First Boys And Other Essays* (Oxford University Press, 2015) erörtert.

4
DIE WELT TEILEN

1 Ich habe das in *Development as Freedom* (New York: Knopf, 1999) ausführlicher erörtert.

2 J. R. Nash, «The Bargaining Problem», *Econometrica* Bd. 18 (1950).

5
ARMUT, KRIEG UND FRIEDEN

1 Nadine Gordimer, *Living in Hope and History: Notes from the Century,* London 1999, S. 84–102 (dt.: *Zwischen Hoffnung und Geschichte. Notizen aus unserem Jahrhundert,* Berlin 2000, S. 93–115).

2 Als ich vor einigen Jahren zusammen mit Dr. Sadako Ogata die Ehre hatte, die Kommission für Menschliche Sicherheit (Commission on Human Security, CHS) zu leiten, die dem damaligen UN-Generalsekretär Kofi Annan und dem japanischen Premierminister Bericht erstattete (die Kommission war von der japanischen Regierung initiiert worden), stellten wir beeindruckt fest, wie groß das Interesse an menschlicher Sicherheit weltweit ist. Der Bericht nennt sich *Human Security Now,* New York 2003.

3 Eine Informationsquelle sind die jährlich erscheinenden *Berichte über die menschliche Entwicklung (Human Development Re-*

ports) der Vereinten Nationen. Die Perspektive der menschlichen Entwicklung hat aber auch andere systematische Darstellungen beeinflusst, beispielsweise den jährlich erscheinenden Weltentwicklungsbericht der Weltbank. Das zugrunde liegende Prinzip des Ansatzes wird erläutert in meinem Buch *Development as Freedom,* New York sowie London und Delhi 1999 (dt.: *Ökonomie für den Menschen. Wege zu Gerechtigkeit und Solidarität in der Marktwirtschaft,* München 2000).

4 Bekannt wurde diese Theorie durch Samuel Huntingtons viel gelesenes Buch *The Clash of Civilisations and the Remaking of the World,* New York 1996 (dt.: *Kampf der Kulturen. Die Neugestaltung der Weltpolitik im 21. Jahrhundert,* München 1998).

5 Einen erhellenden Einblick in die aktuelle Kultivierung von Zwietracht und Unruhen in Indien, vor allem in Gujarat, bietet Martha C. Nussbaum, *The Clash Within,* Delhi 2007.

6 Darauf gehe ich näher ein in meinem Buch *Identity and Violence: The Illusion of Destiny,* New York 2006 und London und Delhi 2007 (dt.: *Identität und Gewalt,* München 2020).

7 Nadine Gordimer, «Zaabalawi: The Concealed Side», in: *Writing and Being,* Cambridge, Massachusetts, 1995, S. 43 (dt.: «Zaabalawi: Die verborgene Seite: Die Kairoer Trilogie», in: *Schreiben und Sein: Essays,* Berlin 1996, S. 81).

8 Die Zahlen basieren auf den Angaben des National Crime Record Bureau of India, *Crime in India 2005,* New Delhi: Government of India, 2007.

9 Die Kriminalitätsraten der verschiedenen Städte stammen aus den entsprechenden kommunalen und nationalen Veröffentlichungen. Ich danke Pedro Ramos Pinto für seine effiziente Unterstützung bei der Recherche zu diesem und zu anderen Themen.

10 Siehe beispielsweise die erhellende Aufsatzsammlung von Per-Olof H. Wikström und Robert J. Sampson (Hg.), *The Explanation of Crime: Context, Mechanisms and Development,* Cambridge 2006.

11 Diese Verbindungen werden in einem Bericht der Commonwealth Commission genauer betrachtet, der unter meinem Vorsitz und mit der Unterstützung einer bemerkenswerten Gruppe gesellschaftlicher und politischer Vordenker aus allen Teilen des Commonwealth erstellt wurde; siehe: *Civil Paths to Peace: Report of the Commonwealth Commission on Respect and Understanding,* London 2007.

1 Im Original «the Goddess of Medium Things», «die Göttin der mittleren/mittelgroßen Dinge» (Anmerkung der Übersetzerin).

2 Tatsächlich hob der Supreme Court 2018 das Verbot der Homosexualität nach Paragraph 377 des Indischen Strafgesetzbuches auf (Anmerkung der Übersetzerin).

NACHWEISE DER ERSTVERÖFFENTLICHUNG DER TEXTE

HUNGER. ALTE QUALEN, NEUE FEHLER

Zuerst erschienen in *The Little Magazine: Hunger*. Bd. II, Heft 6 (2001), S. 8–15.

ÜBER FREIHEIT SPRECHEN. WARUM MEDIEN WICHTIG FÜR DIE ÖKONOMISCHE ENTWICKLUNG SIND

Dieser Essay beruht auf einem Vortrag an der Caribbean Academy of Science und der University of West Indies, Trinidad im März 2001, und auf einer Rede vor dem International Press Institute in Neu-Delhi im Januar 2001. Zuerst erschienen in *The Little Magazine: Listen*, Band III, Heft 3 (2002), Seite 9–16.

TAGESLICHT UND ANDERE ÄNGSTE. DIE BEDEUTUNG DER SCHULBILDUNG

Zuerst erschienen in *The Little Magazine: Growing Up*, Bd. IV, Heft 3 (2003), S. 8–15.

DIE WELT TEILEN. WECHSELSEITIGE ABHÄNGIGKEIT UND GLOBALE GERECHTIGKEIT

Dieser Essay basiert auf der Ansprache des Autors bei der Generalversammlung der Vereinten Nationen am 29. Oktober 2004. Zuerst erschienen in *The Little Magazine: Globalisation*, Bd. V, Heft 4/5 (2005), S. 6–11.

ARMUT, KRIEG UND FRIEDEN

Text der Nadine Gordimer-Vorlesung an der Witwatersrand University, Johannesburg, und University of Cape Town, Südafrika, April 2007. Zuerst erschienen in *The Little Magazine: Security*, Band VII, Heft 3 und 4 (2008), S. 6–16.

FÜR JEDEN WOCHENTAG EIN WUNSCH

Rede anlässlich des ZEE Jaipur Literature Festivals, Diggi Palace Jaipur, am 17. Januar 2014.